Poèmes
à l'autre moi

précédé de

La Joie des
sept couleurs

et suivi de

Ma morte

et de

La Panthère noire

Préface de Joëlle Jean

Gallimard

La Joie des sept couleurs, *paru pour la première fois en 1919 aux Éditions SIC, a été réédité chez Gallimard en 1967 dans le volume* Poésie 1916-1924.

PIERRE À FEU

Mais puisque je suis vivant mon devoir est de chanter

Ô vous qui ne savez pas vous aimer jusqu'au diable
jusqu'à l'ange jusqu'à la vie vous qui n'êtes qu'un
chacun frôlez dans ces poèmes l'Univers que vous
êtes et l'Univers que je suis

Coupe coupe vilain monde tue et tue et va beuglant
toujours tu entendras chanter cette tête d'Orphée

*« Ce matin-là Grabinoulor s'éveilla avec du soleil plein
l'âme et le nez droitement au milieu du visage signe de
beau temps et la couverture étant aimable on pouvait se
convaincre qu'il n'avait pas seulement l'esprit virile-
ment dressé vers la vie »*
À *l'image de Grabinoulor, double mythique du poète et
Verbe poétique incarné, tel qu'il apparaît à l'incipit de
l'épopée mythobiographique qui porte son nom, la poé-
sie tout entière de Pierre Albert-Birot (1876-1967) dit
l'éveil et l'érection, la lumière en expansion, la dilatation
de l'espace et du temps, le mouvement qui arrondit la
ligne en courbe et la courbe en sphère pour mieux chan-
ter* La Joie des sept couleurs *et inviter à* La Grande Vie.
*Son ami Apollinaire, pour qui « la surprise est le grand
ressort du nouveau », s'avoue volontiers surpris par la
poésie de Pierre Albert-Birot et dans ce* Poèmepréface-

7

prophétie *qu'il lui offre en 1917 à l'occasion de la publication de son premier recueil, il montre en lui non seulement un de ces «pyrogènes» trop rares, Prométhée voleur de feu, silex dispensateur d'étincelles fécondes, mais surtout un de ces prophètes dont il annonce, ici comme dans ses propres poèmes, le retour et l'impérieuse nécessité :*

> La tendresse est la réalité
> Où il découvre des nouveautés poétiques
> Elles sont formelles ou lyriques
> Et si conformes à la vérité
> Qu'on s'étonnera avant dix ans
> D'avoir pu en être étonné

Cette singularité, Albert-Birot la manifestera continûment tout au long des cinquante ans de création qui vont suivre, explorant sa propre voie poétique en marge de tous les -ismes qui traversent le XXᵉ siècle, à l'instar de ses contemporains.

La surprise qu'il éveille si souvent chez son lecteur, PAB la doit sans doute à une faculté qu'il possède à un degré rare : le monde, les autres et lui-même sont à ses yeux neufs un perpétuel sujet d'étonnement et de ravissement.

Le regard d'Albert-Birot est un regard adamique. Comme celui de Supervielle, le monde qu'il nous présente vient de naître, mais cette genèse n'est pas évanescence, esquisse, ébauche, c'est un monde lourd de la matière originelle, irradiant des prismes de la lumière, vibrant et jubilatoire, totalement donné, pleinement accepté et reçu, dans le saisissement joyeux de son surgissement.

Cette expérience initiale, initiatique, de la conscience qui s'éveille, cette fraîcheur de la découverte restituée dans son absolue immédiateté, dans son abrupte simplicité, donnent à sa poésie son caractère déroutant d'ingénuité, de pauvreté délibérée et résolue, de densité quasi primitive, poésie native plus encore que naïve, sauf à rendre à l'adjectif son acception première.

Appréhendés dans une coïncidence d'une justesse heureuse, le réel, l'homme et le langage, déjà là, n'en sont pas moins en devenir, à conquérir par l'exploration et la profération.

La main qui prend est une main exacte et le vivre est exempt de tous les errata

Exactitude réalisée du dire et du vivre, du sujet et de l'objet, si on fait se lever le soleil en disant il fait jour, on advient au monde en même temps qu'il advient dans le jeu croisé des regards :

Il y a de moi sur tout ce que j'ai vu
Et chaque chose vue m'a donné de soi
Don au donateur
Universelle générosité
Coït à double face
Villes et paysages
Que de pierres d'arbres et de cieux
Que de gens
M'ont fécondé
Tandis que je les animais
Le monde entier vit de nos regards et de nous-mêmes
Les murs naissent quand nous les regardons
Et même le chant de l'oiseau que nous écoutons
Est né quand nous l'avons écouté
Et voilà que nous ne sommes nous-mêmes
Que par eux
Comme ils ne sont mur et chant
Que par nous

(Poèmes à l'autre moi, x)

Voir, c'est parcourir et pénétrer, entrer en connivence, en co-naissance selon le mot de Claudel, c'est prendre

9

parti pour tout ce qui existe : vécu, sensible ontologique et matériel.

Dans son effort pour se mesurer au réel, s'ajuster à lui, et dire l'articulation la plus aiguë entre le moi et le monde, entre l'être et la chose, entre la sensation vécue et la perception de la matière, cette poésie s'accomplit souvent dans un terme qu'elle dynamise étonnamment : «Voici», évidence et offrande, désignation et accomplissement.

Le poème fait présent de ce qu'il donne à voir. Mais, et c'est là une des intuitions essentielles de cette poésie, la générosité, l'«universelle générosité», n'est pas seulement le don mais aussi l'accueil et le prendre, recueillement qui est disponibilité, ouverture à ce qui est, reconnaissance du don, qui est en soi «don au donateur». Aux antipodes de toute passivité, car elle est tension autant qu'attention, vouloir, au sens proprement évangélique, de l'homme de bonne volonté. Sans doute est-ce là une source de la joie propre à PAB, et une dimension de sa fonction de poète (de tout poète?), que cet optimisme de la volonté qui tend résolument vers la lumière. L'appelle et la suscite, l'étreint, en saisit, dérobé aussitôt que happé, le plus fugace éclat.

> Je t'épouse lumière
> Et l'époux doit suivre son épouse
> *(La Joie des sept couleurs)*

Pierre Albert-Birot veut le monde comme il se veut lui-même et comme il veut les autres dans la «luminosité insondable de l'infini lyrique» pour faire exulter l'être de l'homme et l'être des choses, happés, brassés, exaltés dans l'embrasement d'une même curiosité, dans l'avidité d'une même faim de découverte et d'appropriation érotiques ou gourmandes : fêtes des possessions *auxquelles il convie la grande fraternité humaine dans la quête renouvelée du secret de l'existence. Pour PAB aussi, la grande force c'est le désir :*

Et j'ai mis au bout de mon désir mes yeux et mes
doigts chercheurs de secret
Et j'ai écarté la droite et la gauche pour pouvoir
enfoncer ma jeunesse au milieu
Et le secret était heureux d'être pris par mon œil
et touché par mes doigts
[...]
Nos désirs sont les libérateurs du jour enfermé
dans l'inconnu que contient chaque jour
Et dans la joie de la vie il nous suffit pour vivre
De voler de la vie et d'en donner voici
(Poèmes à l'autre moi, xii*)*

*Pierre Albert-Birot n'est pas, on l'aura compris, de ces
poètes nés trop tard dans un monde trop vieux. Au
contraire, sa jeunesse et celle du monde sont contempo-
raines et éternelles, la chair est joyeuse et tous les livres
sont à écrire! Comment dès lors ne pas chanter des
hymnes de louange et de remerciements, ne pas célébrer
cette vitalité de l'esprit et du corps, cette énergie qui
magnétise tous les échanges, tous les partages. «Mieux
qu'un philosophe, lui écrivit Bachelard, vous donnez
conscience au corps, bonne conscience au corps.»*

Été d'espace œuvre de chair
Hurle de désir sort de peau
Chantant de cœur à dents me couche
Chantant de cœur à ciel me lève
Lumière au corps espace met
Corps en lumière amour se fait
[...]
Et corps aussi on regarde œil a tendresse pour tout
ce qu'il peut voir et nous dit cette joie à bras
et jambes c'est toi
Je me mercie de trouver beau mon corps et corps

aussi je mercie et le voir me remercie regarde-moi
te voici [...]
(Poèmes à l'autre moi, XXXII)

Le goût du jeu physique autant que verbal qui met en mouvement le monde et le poème énonce une loi de l'échange, d'une réciprocité qui n'oublie personne et n'omet rien :

Quand barbouillé tu dis
Nom de Dieu que c'est bon
Tu dis merci
Et la poire est heureuse
(La Panthère noire)

Commerce d'amour et jouissance à double face offrent un superbe antidote poétique aux appauvrissements pervers d'une société mondialiste qui s'autoproclame sans honte société de consommation.

Puissamment lyrique, la poésie d'Albert-Birot n'est pourtant jamais effusive, elle veut le don sans l'abandon et cette parole poétique est une des plus vertébrées qui soient, érigée, construite, structurée même, malgré les gauchissements de la syntaxe, plus elliptique souvent que bousculée, malgré l'inflation apparente du verbe, malgré la « saoulerie des mots-toupies qui ronflent ».

La masse langagière, dans sa coulée brute mais fortement rythmée, est dépourvue de toute mollesse, décapée et comme dégraissée par l'absence fréquente de tout déterminant, elle laisse toute leur force d'impact aux verbes et aux substantifs. Parole de poète qui se souvient d'avoir été sculpteur :

Ouvrier je le suis moi aussi charpentier maçon
sculpteur et je dresse et maçonne et sculpte
ma certitude comptée et pesée souci de mes muscles
Et je l'étreins la frappe la dompte au marteau et lui

donne autre poids autre mesure ainsi que l'avais dit
quand je l'ai d'abord regardée
Et tandis que je l'ordonne elle m'affirme que je suis
comme elle m'affirme qu'elle est et quand elle est
belle selon ma beauté voici

(Poèmes à l'autre moi, XXIX)

Ce vrai travail de la matière verbale, du Verbe comme matière, permet au poète d'inventer une langue en mouvement, une langue en marche, que PAB dans Grabinoulor *nomme « la langue en barre ». Elle fonde l'adéquation totale de l'écriture et de la vie, du langage et du vécu, des mots et des choses, dans l'affirmation d'une plénitude qui excède toute suffisance comme indigne d'elle, mais exige, impose la conscience que rien n'est séparé, que rien ne peut être exclu de tout ce qui constitue le réel, de tout ce qui nourrit le vivant :*

La nature n'a pas de point
Le jour n'est pas séparé de la nuit
ni la vie de la mort
Les ennemis sont unis par la haine
Væ soli
Pourquoi ? Puisqu'il n'existe pas
Ce livre n'est pas
séparé
de ceux qui le suivront
et de point
je n'en mets point

(Trente et un poèmes de poche)

Ce défi où l'humour vient conforter la conviction, ce pacte poétique, qui scelle son premier recueil publié (1917) et engage tous les suivants, sera une des lois fondatrices de la somptueuse épopée en six livres et deux mille pages sans un point, sans une virgule, ordonnée par le rythme du souffle et le rythme du cœur de son héros hors normes, hors limites. N'affirme-t-il pas lui-même : «un bon cœur bat sans s'arrêter de la naissance à la mort un cœur qui a des points est un cœur malade»? Il nous propose ainsi de considérer la totalité de son œuvre poétique comme un seul chant ininterrompu, un seul poème déployé dans l'unité d'une vie et d'un acte poétique unique.

De cette poésie dramatisée donc, le dire est d'énergie, de lutte contre toutes les formes d'usure et de routine, il est refus de toute médiocrité qui insidieusement conclut à l'asservissement.

Voici dès lors une poésie fondamentalement tragique car elle est dépourvue de toute complaisance, sans concession ni rémission dans son appel à l'absolu. Poésie à hauteur d'homme, et l'homme lui-même porté à sa plus haute intensité, à sa plus fervente densité d'expérience et de vie. Et cette ardeur qui fait «mordre à pleines dents mordre dans le système solaire», dilate l'univers aux dimensions du poème pour le rendre habitable et, inversant la courbe du Temps, fait passer de la mort à la vie.

Ainsi s'avive et se noue, à la racine même de ce verbe baroque, la rigueur. Au cœur, au noyau même de la jouissance panique, païenne du monde, l'ascèse. Dans la profération démiurgique du dire poétique, la prière. Le poème dicte une éthique et fonde un humanisme : «Ce que nous sommes, voilà ce qu'il nous faut, voilà à quoi doivent tendre nos efforts et nos exercices», dira Max-Pol Fouchet. PAB ne cherche pas autre chose, sa poésie nous promet encore l'homme pour maintenant.

Irréductible, PAB de fait ne plie ni ne rompt. Il est hors de question de chercher à résoudre ou même à réduire, par le jeu des mots et les afféteries de la rhétorique, les dilemmes et les contradictions de l'homme, les paradoxes de sa condition, l'éternel conflit d'Éros et de Thanatos, les déchirements et les convulsions de l'Histoire.

Toujours, il s'agit de les accueillir, fût-ce dans la colère et la révolte, non dans la dénégation, toujours il s'agit de leur donner accès à la conscience et au dire, fût-ce dans la souffrance, mais debout à l'aplomb de soi, pour du sein même de la mort accoucher de la vie. Car le mythe parfois rattrape, hélas, le poète et lui impose le parcours obligé d'une descente aux enfers. Blessure orphique à même la chair de l'homme et de ses jours, la mort de sa première épouse soumettra Pierre Albert-Birot à l'expérience initiatique d'une nouvelle naissance, à travers et par-delà la mort elle-même :

> Il me semble à l'instant sentir
> Que je me forme que je m'enroule
> Dans l'intérieur de ma douleur
> Comme un fœtus dans sa matrice
> Peut-être naîtrai-je à mon temps
> Et c'est encor toi qui m'auras donné
> Ce nouveau moi fils de ta mort
>
> (*Ma morte*, XLV)

Homme nouveau engendré par le deuil et la perte qu'il subsume encore en don et en avènement, poète obstinément dressé dans son défi au sort, PAB réaffirme l'union et sa joie radicale :

> Qui me regarde te voit
> Et tant que je vivrai
> Germaine mon sourire
> Tu seras une morte heureuse
>
> (*ibid.*, XLVII)

Homme du mouvement, homme en mouvement, PAB tend de tout son effort poétique à rendre le sujet, le monde, la vie in(dé)finiment jouables. Dans sa quête d'une identité vivante, ouverte, il récuse toute impasse, force le passage au jour, dénoue le lacet où s'étranglent les vies

prises au piège d'elles-mêmes, et réussissant la passe
— ne dit-il pas lui-même: «j'aime jouer», n'a-t-il pas
intitulé un de ses poèmes: «L'Avenir joue»? —, il (re)met
du je au monde, du jeu dans la vie et de la vie en jeu.

Ainsi le poème déploie un lieu à la fois imaginaire et
réel, objet et espace, il est ensemble monument et aire de
jeu, champ des possibles tour à tour exploités:

> Que bâtirons-nous sur cette pierre?
> Des théâtres et des tombeaux c'est déjà beau
> *(La Panthère noire)*

La recherche du «vrai lieu», qui aimante une part
essentielle de la poétique contemporaine à la recherche
de la place de l'homme au cœur de l'univers sensible, est
déjà à l'œuvre chez PAB pour qui la poésie doit, plus
encore que rendre la terre habitable selon le mot de Höl-
derlin, être elle-même terre d'habitation, demeure essen-
tielle:

> Avec un vrai sourire qui me passe partout je dis
> j'écris je chante c'est dans un grand poème et non dans
> un trou que je veux qu'on m'enterre
> *(Le Train bleu)*

Poète démiurgique, Créateur et créature confondus dans
un même fiat *poétique, il fait advenir le sacré sans sacri-*
fice, le divin sans transcendance, le mystère sans mys-
*tique autre que poétique, l'éternité humaine dans l'*hic et
nunc *du poème qui est simultanément annonce, avène-*
ment, bonne nouvelle. Puissance d'attraction plus que de
séduction, cette parole est appel:

> Moi aussi j'ai fait jaillir l'eau du Rocher je le sais dans
> tel poème et tel et tel autre il y a un miracle qui s'ou-
> vrira et se refermera sur quelqu'un comme il s'est

refermé sur moi et celui-là me retrouvera dans ce mystère où je veille ma vie éternelle

(Poèmes à l'autre moi, XXXIII)

Le projet de poésie se fait poème, la projection de l'être au sein d'«une langue qui peut [lui] ressembler» le constitue, l'invente poète dans un mouvement de dépassement de soi qui est réalisation authentique :

Et c'est donc au-delà de moi que je commence et je ne fais que m'accompagner en marchant loin derrière moi homme cherchant à suivre l'ange qui l'éclaire [...]

(ibid.)

Mais quel est justement ce «je» qui parle, ce «je» dont nous parlons? Comment et quand commence-t-il? Est-ce Birot, Pierre, Albert, né à Angoulême en 1876, que ses parents prénomment Albert, de quelques années l'aîné d'Apollinaire, mais qui parcourut plus de la moitié du XXe *siècle avant de monter dans* Le Train bleu *en 1967?*

Ou bien faut-il choisir Pierre Albert-Birot, dit PAB, advenu au monde en 1916, conformément à ce qu'il proclame lui-même: «Je suis né en janvier 1916, en même temps que la revue SIC, *ma fille, et une fille pas ordinaire puisqu'elle a trouvé le moyen de me mettre au monde. Avant je n'étais que fœtus.»*

La biographie d'un poète est sa biographie poétique.

Admettons avec lui qu'Albert Birot nous intéresse moins que PAB, que la vie de Pierre Albert-Birot commence véritablement en 1916, avec le premier numéro de SIC, *et le choix d'une nouvelle identité rééquilibrée autour d'un nom double, que suggérait sans le réaliser le véritable patronyme, appuyée enfin sur un prénom d'une ambivalence qu'il cultivera: Pierre. Car sur cette pierre, lui aussi bâtira, nous l'avons vu, une œuvre destinée à être à la fois théâtre et tombeau.*

Au commencement, donc, SIC. *Plus qu'une revue, le*

programme, le profil, et le projet d'un homme qui voulut à la fois épouser son époque et accoucher de lui-même, tel qu'en lui-même, qui brièvement, pleinement, réussit la coïncidence de cette double postulation (ce sera justement le temps de SIC*) avant de s'avérer irréductiblement intempestif, au sens le plus nietzschéen du terme.*

Programme, SIC *est un sigle explicité dès la couverture : Sons Idées Couleurs, entourés par le double F de Formes. La revue s'ouvre ainsi à toutes les formes d'art, accueille la musique, la peinture, la poésie, la théorie critique et sa mise en œuvre créatrice, le sensible et l'intellect, brassant, conjuguant, fusionnant toutes les expressions artistiques et poursuivant le projet apollinarien d'une création totale.*

Ouverte à toutes les poétiques modernistes, délibérément éclectique quant aux personnalités qu'elle accueille, ni futuriste, ni cubiste, ni dadaïste, ni surréaliste, SIC *n'en flirte pas moins avec toutes ces sensibilités esthétiques et va être quatre ans durant la revue majeure de l'avant-garde, dans une liberté encouragée par le rayonnement de la personnalité d'Apollinaire.*

Chef incontesté de l'avant-garde poétique et artistique, celui-ci fréquente plus ou moins assidûment des poètes et des artistes, André Salmon, Reverdy, Max Jacob, Cendrars, Modigliani, Cocteau, Matisse et Picasso, encourage des admirateurs, jeunes auteurs à leurs débuts et encore inconnus : Soupault, Aragon, Radiguet, etc.

Pierre Albert-Birot rencontre la plupart d'entre eux et certains publieront, épisodiquement ou régulièrement (parfois aussi longtemps que la revue existera), dans les colonnes de SIC*, véritable carrefour d'hommes et d'idées, qui compte des fidèles dans le futurisme italien, dans l'avant-garde catalane, et même russe. Une sorte de « front commun » européen se dessine ainsi qui doit beaucoup sans doute à la rencontre d'un moment historique (en 1916, nombreux sont les poètes et les artistes qui reviennent du front hantés par la guerre et la volonté* *de réagir par une parole renouvelée) et d'une personnalité particulière.*

SIC, *en effet, dessine, il faut le dire, par-delà un moment bien précis de l'histoire littéraire, le profil d'un homme, soucieux d'abord et surtout de construire une identité d'artiste choisie et décidée conformément à ses intuitions et à ses valeurs. Affirmation massive des valeurs humanistes opposée aux valeurs destructrices de la guerre, OUI à la vie, au réel, à l'autre, vitalisme volontariste qui liquide, y compris dans la vie de PAB, les séquelles de «la crise des valeurs symbolistes»,* SIC *revendique une parole clownesque dont l'humour même, loin d'exclure le souci de vérité et d'authenticité, en manifeste au contraire la plus juste résonance.*

Mais sans doute doit-on entendre aussi SIC *dans le sens d'une distanciation (*sic*!) qui suggère, comme au théâtre, dans le même mouvement l'adhésion et l'exercice d'une faculté critique, la volonté de maîtrise autant que l'élan vital et spontané.*

Là se trouve l'origine de sa prise de distance vis-à-vis de tous les -ismes, distance qui caractérisera PAB durant toute son existence et qui explique pour une part au moins la singularité de son parcours. Réceptif à tous les courants, prenant son bien où il le trouve, PAB traverse les divers mouvements de la modernité mais ne s'identifie totalement, et au prix de quel effort, qu'à lui-même.

Faut-il expliquer ainsi qu'en dépit de cet irrésistible élan vers ce qui est, de son aptitude à comprendre et épouser toutes les aventures de l'art et de l'esprit, de sa plasticité étonnante dans l'usage du verbe et du faire poétique, PAB ait pu devenir un homme du repli, du retrait et de la retraite, auteur d'une œuvre occultée depuis plus de trente ans en dépit des efforts et des hommages réitérés de poètes, d'artistes, d'éditeurs et de lecteurs fervents et toujours plus nombreux? Voilà qui a de quoi surprendre si on n'envisage pas comme il convient ce que fut l'his-

toire de l'entre-deux-guerres et la spécificité de la démarche et de la personnalité d'Albert-Birot.

On a souvent répété le mot fameux : « La mort d'Apollinaire a désencombré l'horizon. » Certes, mais l'ombre de Breton allait l'encombrer pour longtemps ! L'histoire du surréalisme, ses théories, ses manifestes, son radicalisme, son impact européen dont l'influence et le rayonnement allaient s'étendre encore bien au-delà, son substrat idéologique et politique dont les répercussions sont toujours vivaces aujourd'hui, ses excommunications fracassantes, tout cela est trop connu pour mériter plus qu'un rappel cavalier. Mais l'on commence à peine de mesurer tout ce que ce mouvement au dynamisme irrésistible a maintenu dans l'ombre, contraint à une longue (et parfois féconde) marginalité, voire fait passer à une trappe qui, pour nous paraître ubuesque, n'en a pas moins fonctionné avec une redoutable efficacité.

Si l'on parle aujourd'hui des avant-gardes et non plus de l'avant-garde, c'est qu'il est clair pour tous qu'il n'y eut pas, en dépit de préoccupations communes et d'expérimentations en tout genre, de réelle unité théorique sous laquelle regrouper, en une même dénomination, la production artistique de l'époque. La fin de la guerre et, dans une moindre mesure, la mort d'Apollinaire, marquent la fin du « front commun » et des efforts de synthèse. De surcroît, les jeux propres à l'institution littéraire reprennent leurs droits avec le retour à la paix et à la vie civile.

À cet égard, les dates sont parlantes : Apollinaire meurt en novembre 1918, SIC *publie dès février 1919 un numéro d'hommage au grand poète disparu où se côtoient les signatures de PAB, Aragon, Billy, Cendrars, Cocteau, Dermée, Max Jacob, Picabia, Reverdy, Salmon, Tzara… En mars 1919, paraît* Littérature, *la revue d'Aragon, Breton et Soupault. Progressivement, au fil des mois puis des années vont se développer avec vigueur, ici et là, des affirmations théoriques exclusives, des prin-*

cipes plus dogmatiques, une pensée qui ne se veut pas seulement esthétique mais aussi politique. Cependant, à la fin de décembre 1919, PAB publie le cinquante-quatrième et dernier numéro de SIC *et met fin ainsi à une aventure de quatre années, longévité exceptionnelle pour une revue de cette époque!*

Dépourvu de moyens financiers, peu doué pour la polémique et n'ayant jamais eu beaucoup de goût, à l'instar d'Apollinaire lui-même, pour la théorie et surtout les dogmes déclarés, ennemi résolu des stratégies hégémoniques, des querelles de chapelle et de clans, il aurait fallu à Albert-Birot de puissants soutiens pour maintenir et imposer sa place dans le siècle. Or, Breton et ceux que la postérité désignera sous le nom générique de «surréalistes», unanimement désireux d'affirmer leur voix et leur originalité radicale, s'emploieront quant à eux à sceller PAB dans la même tombe qu'Apollinaire.

L'entreprise est aisée et ne relève sans doute pas uniquement de la mauvaise foi. En 1919, PAB est au début d'une longue et fructueuse production poétique, mais qui pouvait s'en douter? Ce «débutant» en poésie a quarante-trois ans, il a déjà produit une œuvre artistique importante (peinture, sculpture) et il apparaît comme l'héritier d'une génération esthétique révolue avec la mort d'Apollinaire alors même que celui-ci aussi entamait à peine l'évolution de son parcours.

Mais qu'importent les ostracismes, les incompréhensions et les intransigeances réciproques? Les années SIC *ont joué pleinement leur rôle, elles ont accouché PAB de lui-même et ont fait naître un* je-poète. *Soucieux avant tout de dégager, de poursuivre et de construire son cheminement de poète-au-monde, tout au long des décennies qui suivirent, PAB s'invente «toutmoipoème», s'incarne à travers Grabinoulor, investit cette épopée de l'écriture qui se confond avec une «vraie vie» toute de littérature, une vie «rendue possible et digne d'être vécue», selon la revendication baudelairienne, par une ascèse poétique*

quotidienne. Et il s'écarte ainsi du devant de la scène lit-
téraire.

Ajoutons enfin que notre regard rétrospectif et qui se
veut lucide, en même temps qu'il réhabilite et redécouvre
PAB, donne paradoxalement raison aux surréalistes qui
ne voulurent jamais le reconnaître pour un des leurs ni
reconnaître leur dette à son égard, tout comme il donne
raison à PAB lui-même qui refusa, avec violence parfois,
l'étiquette «surréaliste». Que ce soit par le jeu des frater-
nités ou par celui des filiations désormais avouées ou
reconnues (Reverdy, Ponge, Supervielle, Norge et son ami
Follain) — et c'est à eux que nous devons souvent de
savoir aujourd'hui lire PAB —, nous percevons claire-
ment à quel point ce qui séparait PAB des surréalistes
est plus important peut-être que ce qui, malgré tout, les
avait, pour un temps bref, rassemblés.

Là où les surréalistes allaient déclarer le «peu de réa-
lité», PAB revendique le «toujours plus de réalité». Avec
Reverdy, avant Ponge, et autrement qu'eux, il se réclame
du «parti pris des choses». Lorsque, pour Breton, l'es-
sentiel est de chercher le point «où la vie et la mort, le
réel et l'imaginaire, le passé et le futur, le communicable
et l'incommunicable, le haut et le bas cessent d'être per-
çus contradictoirement» (Second Manifeste, *1930), toute*
la poétique d'Albert-Birot tend à conjuguer et combiner
les contraires sans que jamais l'esprit cesse de les per-
cevoir comme tels ni le verbe d'en maintenir la tension à
la fois tragique et rieuse. Les surréalistes font table rase
du passé, et n'exceptent que de rares élus. Lorsque PAB
innove, en revanche, c'est dans le creuset d'une tradition
séculaire et multiple, celle qui unit Montaigne et Guten-
berg, Villon et les cathédrales, Ulysse et le logos *grec,*
Picasso et Modigliani.

Comme Baudelaire, PAB ouvertement impose tous les
temps et tous les univers. Ignorant l'initiative laissée aux
mots, récusant les sortilèges de l'écriture onirique ou

automatique, il est tendu corps et âme dans son «tra-vail» du verbe, du vers et de la forme.

Et cet humaniste, cet homme de la plume, pleinement homme du livre, se veut aussi homme du plomb, artisan minutieux qui compose et imprime lettre à lettre le poème qu'il conçoit.

Cette démarche totalement personnelle, ce parcours atypique dans un siècle foisonnant ont généré une œuvre forte et exigeante qui, aujourd'hui, nous parle plus qu'elle ne nous déroute.

Il est difficile de choisir dans l'œuvre d'un poète sans éprouver le sentiment de le trahir. Les recueils poétiques publiés par PAB organisent une architecture aussi sub-tile qu'un mobile de Calder, dessinent un parcours aussi précis et vigoureux qu'une gravure à la pointe sèche, et Grabinoulor *démultiplie à l'infini la richesse de leurs résonances. Comment tailler dans un tel ensemble?*

Les quatre recueils proposés dans ce volume le sont dans leur intégralité et constituent une somme poétique importante pour découvrir PAB et se familiariser avec lui puisqu'ils représentent presque vingt ans de création, depuis La Joie des sept couleurs *(1919) jusqu'à* La Pan-thère noire *(1938), à travers les* Poèmes à l'autre moi *(1927) et* Ma morte *(1931) qui sont, eux, quasiment contemporains. Ces vingt ans couvrent la première moi-tié de l'œuvre poétique, vingt années précieuses entre toutes pour saisir le poète dans la diversité de son inspi-ration et de son expression, et percevoir la profonde unité qui parcourt et construit l'ensemble.*

Unité et diversité formelles tout d'abord, car PAB oscille constamment entre la cristallisation extrême, celle qui se condensera en véritables Gouttes de poésie, *les chaînons de* La Panthère noire, *de brefs poèmes en prose ou en vers libres, des strophes ciselées par un orfèvre en la matière et l'usage de la lyre épique, le grand verset biblique des* Poèmes à l'autre moi, *le chant ample* de La Joie, *la strophe soulevée par le souffle démiur-gique, coulée incandescente, jubilatoire ou furieuse, mais toujours quasi prophétique des anneaux de* La Panthère noire. *Enfin, brefs ou plus longs, d'un seul élan, mais comme retenus et mesurés, les quarante-sept temps élé-giaques de* Ma morte.

Le plus souvent à peine assonancé, le poème s'orga-nise parfois en strophes régulières, quatrains, quintils, aux rimes sagement croisées ou embrassées, conjugue l'alexandrin et les octosyllabes au vers libre sans que jamais la plus audacieuse hétérométrie fasse perdre au vers l'exacte mesure du souffle. Véritable virtuose de toutes les ressources du vers qu'il explore jusqu'à ses plus extrêmes limites, PAB semble pourtant user d'une prosodie totalement personnelle qui ignorerait plus qu'elle ne les exploiterait les règles traditionnelles. Art(ifice) suprême que cette ingénuité savante au point de paraître naturelle.

Unité ensuite et surtout de ces quatre recueils : chacun d'entre eux forme un tout, un poème unique, diversement décliné et scandé, d'une structure plus ou moins com-plexe mais modulant un seul et même chant. Et aucun ne semble pouvoir être séparé de l'autre, précédent ou suivant : ils apparaissent comme les éléments d'un tout aux facettes différentes et profondément complémen-taires, les étapes obligées d'un seul et même parcours ini-tiatique dont s'impose, au travers même des variations et des lignes d'opposition, l'ultime cohérence.

La Joie des sept couleurs, poème orné de cinq poèmes-paysages hors-texte, *est le premier grand poème de PAB, poème de soleil et de plein air, poème de liberté explosive qui, au dire même de PAB « contient toute [s]on œuvre en somme si on veut bien chercher ». Il se déploie d'un seul élan, simplement dé/composé comme pourrait l'être le prisme de la lumière avec laquelle cette joie de vivre se confond.*

Poème de genèse, il explore avec bonheur la totalité du

matériau poétique : verbe, son, image et signe, avec ses poèmes-paysages à contempler et à parcourir, ses poèmes à crier et à danser... En ce commencement donc était la Joie, très symboliquement marquée par le choix d'une ouverture magistrale : **A** *de pleine page, de pleine gorge, prise et lancer de souffle, cri, chant, incipit absolu qui est aussi* **A** *noir, audace de typographe et hommage explicite à Rimbaud, donc à la poésie. Car chez PAB, la main qui manie la plume va manier bientôt (en 1922) la lourde presse à bras dont le disque encre/ancre le verbe du poète, son expression vivante, dans ce geste concret de tout le corps qui en autorise l'impression.* La Joie des sept couleurs *dit l'émergence de la lumière poétique, l'émergence à la lumière d'un poète qui se découvre et se conquiert tel.*

Les Poèmes à l'autre moi *poursuivent le voyage commencé,* voyage lent qui va du monde éclairé au monde qui éclaire. *Au jaillissement du Verbe, à la conquête buissonnière du monde et des* choses qui n'ont pas de nom *succède, plus énigmatique sans aucun doute, l'enquête sur ce moi qui en affiche bien un :*

Moi qu'on représente à volonté par Pierre Albert-Birot
Et qui suis en train de vivre plus de dix-neuf siècles
     après le Crucifié
Plus de cinq mille ou cinq cent mille ans peut-être
     après la mort des premiers yeux sur la Terre
[...]
Moi tandis que je suis assis et que je parle un langage
     et une langue qui peut me ressembler
Je me hâte de me prendre et de me dire mot à mot à
     l'autre moi

L'ouverture des Poèmes à l'autre moi *semble explicitement offrir au lecteur une forme de pacte autobiographique qui identifie l'auteur au sujet lyrique, et amorce l'interrogation d'un «qui suis-je?» problématique. Le* recueil met en œuvre, dans une suite de trente-quatre poèmes, la quête inlassable d'un moi qui se construit et s'invente, fait l'expérience d'un sujet et d'un langage clivés (Mais cet autre moi est-ce bien encor moi / Lui qui pourtant n'est pas un autre et qui est là quand je suis seul / Et qui dit je quand je dis moi) mais la dépasse dans l'affirmation d'une relation possible d'échange et de dialogue entre soi et soi reconnus et réconciliés.

Sous l'impulsion constamment renouvelée d'une curiosité tour à tour douloureuse ou joyeuse, PAB poursuit le « tour infini du monde infini que je suis », ainsi qu'il l'annonçait dès le début de La Joie. Il se regarde, s'ausculte, s'écoute, se mesure, soupèse, et décrit son propre corps minutieusement, détail par détail. Il attrape, perd et récupère le fil d'Ariane de ses labyrinthes intimes, de son monologue intérieur, et se tâtant, se goûtant, se confrontant aux forces multiples du vécu même le plus quotidien, toujours il s'essaie et s'éprouve. Même ? Autre ? Même de l'autre, autre du même, moi autre et autre moi, tous les jeux sont permis.

Les Poèmes à l'autre moi autorisent toutes les jouissances d'un Narcisse heureux — et il faut lire le délicieux poème au « petit clown-nombril » à qui PAB confie « je t'aime et suis tout entier avec toi », poursuivent une éducation sentimentale à la fois lyrique et ludique par où s'affirment la solidarité fraternelle avec « les autres hommes », la conscience d'une dualité foncière indéfiniment réversible et la revendication d'une identité plénière tissée de la chair de l'homme et de la chair des mots, celle que réalisera Grabinoulor.

Cette épiphanie du sujet, les Poèmes à l'autre moi l'ont suscitée dans le va-et-vient vertigineux de moi à moi qui est le mouvement même de l'autoportrait, mais les poèmes deviennent alors le lieu d'une ambivalence à interroger :

Parce que rangées de lettres noires ils ont l'air
d'être immobiles dans un livre commençant
par notre nom sont-ils notre portrait
ou sommes-nous que la peinture

Désormais le Verbe s'est fait chair et le poète l'affirme :

Ce sont eux qui sont vivants et ces êtres faits
de verbe sont meurtris quand on veut les prendre
avec filet de mots pour les tenir de près
et leur demander que dis-tu

*L'œuvre de poésie réalise un mystère dont PAB ne
craint pas de revendiquer pour lui et pour la fraternité
humaine la dimension sacrée et salvatrice :*

En livre que voudrais parfaire je mettrai ce moi
animé lettre à lettre souffle de souffle Fils de Père
pour l'offrir à ceux d'amour comme à ceux
qui le mettront en croix

*Au-delà de l'autoportrait, et par lui, s'opère une auto-
création poétique d'ordre initiatique que les recueils sui-
vants vont prolonger et poursuivre sur un mode plus
douloureux, proche du tragique.*
Ma morte, poème sentimental, *est plus qu'autobio-
graphique, il est littéralement une dédicace à sa femme,
Germaine, morte subitement. Mais ce recueil est aussi le
contrepoint inversé et symétrique cependant des* Poèmes
à l'autre moi, *versant de ténèbres, annonciateur d'autres
jours ombreux, première expérience de la mort, expérience
des limites. N'est-elle pas aussi l'autre moi du poète,
l'épouse qui le soutenait et le secondait dans sa tâche de
typographe, qui comprenait et partageait les joies et les
enthousiasmes comme les déconvenues ? Sa disparition
creuse soudain un vide impossible à dire comme à ne
pas dire. Un double autre se crée, doublure de mort dans*

la vie même et qui contraint paradoxalement le poète à porter une double charge d'existence, la responsabilité nouvelle d'une (sur)vie qui n'est plus possible que par lui.

La réponse donnée à l'intenable défi, c'est ce recueil-tombeau, hommage blasonné au chiffre de la morte, le **G** de l'initiale comme un sceau apposé aux quatre coins de chaque page qu'enserre un double filet noir. Ainsi, le poème aux quarante-sept moments égrenés au long des mois, reste indissociable du geste typographique, de l'effort de composition et d'impression par où s'effectue dans sa plénitude douloureuse le véritable travail du deuil qui est en même temps don d'immortalité à la disparue, «une immortalité terrestre de quelques siècles».

Jamais autant que dans ce dire d'amour et de mort, l'expression de PAB n'aura été aussi dépouillée, d'une simplicité concrète, presque rugueuse, pour tenter d'atteindre à l'absolue pauvreté de l'absence, pour épuiser à force de mots l'inépuisable de la séparation et de la perte, pour prendre l'indicible au piège des tautologies et user en répétant tu es morte la tenace incompréhension du vivant. Jamais non plus il n'oublie de dire qu'en cet effort c'est le je-poète qui parle et lutte et finalement triomphe, autorisant l'adieu. Il faudrait ici pouvoir citer chacun des poèmes, le premier et le dernier, mais aussi les poèmes XXI et XXII où le poète interroge «la Mort ce terrible chimiste» avant de se dénoncer et de se justifier dans le poème XLI :

> C'est encor l'écrivain
> Qui fait sa coulée de mots
> Pour jouer à l'immortel

Lorsqu'il aborde en 1938 La Panthère noire, *poème en 50 anneaux et 50 chaînons, le poète est un initié, mûri par la vie et par la souffrance, forgé à sa propre flamme créatrice, il entre dans la troisième phase de son*

existence. L'Histoire aussi amorce un tournant. La puis-
sance nazie s'affirme, la guerre d'Espagne ébranle les
intellectuels, déjà la Seconde Guerre mondiale paraît
inévitable aux esprits lucides, et sa sombre présence, sa
prescience colorent tout le recueil bien autrement que ne
le fait la Grande Guerre dans La Joie.

En proie à une vision angoissée du monde, le poète
convoque les forces convulsives de la vie et de la mort,
questionne la part des ténèbres, celle qu'il perçoit à l'af-
fût chez l'homme et qui le pousse à rejeter la lumière,
à opter délibérément — pourquoi? — pour la nuit de
l'âme et de l'esprit, obstination mauvaise, tension vers
l'«ordre noir et blanc», négateur de La Joie *des sept cou-*
leurs pourtant donnée dès le commencement.

L'optimisme vitaliste de PAB, sa force d'acquiesce-
ment à ce qui est se tournent ici en colère et en dénon-
ciation, en appel à la vigilance et à l'insurrection:

> Celui qui devait veiller s'est endormi
> Il devait faire la lumière il n'a pas allumé
> Quand il s'éveillera
> Il dira qu'il ne s'est aperçu de rien
> S'il se réveille

Cri d'alarme prophétique, poème paroxystique de
fureur et de mystère (pour paraphraser René Char), la
vibration inquiétante d'un Dies irae *parcourt de ses*
résonances la totalité de cette chaîne énigmatique. PAB y
vitupère un Dieu absent, ayant par son retrait livré le
monde à la tragédie de l'amour noir, au désespoir d'une
objection indéfiniment maintenue car sans réponse
aucune:

> Tu diras j'ai soif j'ai soif
> Et l'amour noir sera là tout droit
> Près de toi
> Il boira le vin

Et te versera l'eau
Et tu boiras l'eau
Car tu auras soif
Mais

La hantise de la danse macabre, peut-être celle, démente, qui va secouer l'Europe et le siècle, apparaît pour la première fois dans la poésie de PAB, et cette poésie de l'apostrophe, de l'interpellation se veut oraculaire mais pour la première fois aussi, c'est en évitant résolument une énonciation directe de première personne :

Et ceux qui n'ont pas su danser
Quand ils avaient de beaux yeux
Dansent-ils au Grand Bal des Os
Tous ces fémurs tous ces tibias
Choquant des polkas
Choquant des tangos
Mais d'abord il faut sauter le mur

Collier hermétique, bouclé sur lui-même et sur son fétiche ésotérique (mystique, érotique ?), le sautoir enlace anneaux et chaînons qui se répondent à la manière contrapuntique d'une fugue musicale, et le poème s'organise en lignes de force et en lignes de fuite, tisse des réseaux, dessine des parcours mais creuse aussi des fissures et des failles.

Disant un monde au sens ébranlé, aux valeurs inversées, il met à mal toute tentative de lecture unique, totalisante, il interdit tout confort interprétatif et contraint au questionnement inquiet. Il impose ainsi à son lecteur une initiation exigeante et oppose peut-être son « Grand Ordre » poétique à ce « bel ordre noir et blanc » qui monte à l'Est.

Ils n'ont même plus la peau sur les os
Et ils aiment encor le piano
Bel ordre noir et blanc

Dix doigts omnipotents
Dix doigts angélisés
Alors bémolisé
Dix doigts entrecroisés
Regard piqué au feu
On court après ceux qui vont en soirée
[...]
Ils vont
Au bal des squelettes dit-on
Liszt les fait danser
On laisse alors le feu s'éteindre

Recueil talismanique, La Panthère noire, *sans consentir à livrer le dernier mot de son mystère, boucle un cycle et en ouvre un autre, celui des recueils suivants qu'Arlette Albert-Birot nomme fort justement la «série testamentaire».*

Peut-on lire l'œuvre de PAB sans accepter l'exigence de réinventer la lecture? Lire Pierre Albert-Birot c'est élire un séjour, apprivoiser un univers, partager des rites à réinventer sans fin, lire est tout simplement vivre une aventure d'amour. Son poème, comme toute son œuvre, est demeure habitée, terre d'élection et de dilection, vrai lieu dont l'invite est de permanence et d'instance:

Et moi je me trouve à l'étroit sous le ciel
C'est pourquoi je construis mon poème
Et c'est lui que je veux habiter
Pour quelques amis du passé deux ou trois du présent
Et quelques-uns de l'avenir j'y vivrai éternellement
Et je les recevrai avec toute ma lumière tout mon
  amour toute ma joie

(La Joie des sept couleurs)

JOËLLE JEAN

La Joie des sept couleurs

Poème orné
de cinq poèmes-paysages
hors-texte

A

LE MONDE AUJOURD'HUI A LA FORME D'UNE ROMANCE
JE NE SAIS OÙ JE FINIS OÙ JE COMMENCE
ET JE FAIS LE TOUR INFINI
DU MONDE INFINI QUE JE SUIS
BOUM UN COUP DE CANON VIENT DE PARTIR
ARRIVERA-T-IL AVANT MOI
APRÈS TOUT LE CIEL EST UN ABAT-JOUR
ET NOUS NE POUVONS PAS TOUS PASSER NOTRE VIE SOUS
                                              LA LAMPE

ET CLOWN JE CRÈVE LA CARTE POSTALE

IL FAUT QUE JE FASSE UN BEAU POÈME
        PARCE QUE JE SUIS BIEN
PARCE QUE MON NEZ SENT LES ACACIAS
        PARCE QUE MES YEUX
VOIENT DES ARBRES QUI SONT HEUREUX
          D'ÊTRE VERTS
ET DE SE BALANCER SOUS LE CIEL BLEU
            IL FAUT
        QUE JE FASSE UN BEAU POÈME
        PARCE QUE LE SOLEIL LE VEUT
        PARCE QUE MES YEUX SONT OUVERTS

AH LES BEAUX POÈMES QUE FONT LES ENFANTS QUI JOUENT
ET AUSSI LES GUERRIERS
AAAAA   AAAAA
Ah. Ah. Ah.
QUAND VOUS MARCHEZ VOUS N'AVEZ PAS PEUR DE FAIRE
BASCULER LA TERRE
MOI NON PLUS
QUEL BEL AVION NOUS MONTONS
MAIS IL Y A DES BRUITS PLUS LOIN
ET LES OMBRES NE ME BARRENT PLUS LA ROUTE
JE PEUX COURIR SUR LA ROUTE OÙ L'ON ENTEND CHANTER
rrrrr   rrrrr A
rrrrr A
cotcotcotcotcotcotcotcotcotcotcotcotcotcotcotcot   dête
cotcotcotcotcotcotcotcotcotcotcotcotcotcotcotcot   dête
LA POULE A PONDU
Ô MA JOIE DE VIVRE
VIENS QUE JE TE BAISE SUR LA BOUCHE
LE LÉZARD A RENTRÉ SA TÊTE
MAIS JE VOIS ENCOR SA
QUEUE

CEUX QUI VONT MOURIR TOUT À L'HEURE À LA GUERRE
SE SONT MIS DEVANT MOI
ET JE NE VOIS PLUS LA FÊTE
MAIS J'ENTENDS LE TRAIN QUI SIFFLE
ET JE SENS LE SOLEIL SUR MA TÊTE
PEUT-ÊTRE QU'IL Y A AUSSI DU SOLEIL OÙ ILS VONT
MOURIR
MAIS PUISQUE JE SUIS VIVANT MON DEVOIR
EST DE CHANTER BAISSEZ-VOUS
QUE JE PUISSE VOIR
LA-BELLE-EN-ROBE-ROSE-QUI-PASSE-SUR-LA-ROUTE
EN-BALANÇANT-SES-HANCHES-SOUS-SON-OMBRELLE-
ROSE-AUSSI
MAIS AU LONG DE LA ROUTE

IL Y A DES ARBRES QUI REGARDENT PASSER TOUT LE
                                                      MONDE
BEAUX PÉRISCOPES PERFECTIONNÉS DE L'ENFER
      VOUS QUI VOYEZ PLUS LOIN QUE MOI
    VOYEZ-VOUS LES PRUSSIENS DANS SOISSONS
            ET VOYEZ-VOUS CET HOMME
  QUI PISSE AU PIED DE L'UN DE VOUS
          AURIEZ-VOUS RÉPÉTÉ PAR HASARD
À CEUX QUI SONT DESSOUS
            LA FORME DES SEINS DE MA FEMELLE
            CAR VOUS LES AVEZ VUS
            HIER LA POULE AVAIT PONDU
                        AUJOURD'HUI LE COQ CHANTE
            DE TOUTE SA VOIX FAUSSE
                ET SON POÈME
            EST PEUT-ÊTRE PLUS BEAU QUE LES MIENS
            MAIS LES ARBRES SE COURBENT
                    HOUOUOUOUOUOUOUOUOUOUOUOUOUOU
              LES FEUILLES COURENT APRÈS MOI SUR LA
                                                    ROUTE
          AURAIS-JE OUBLIÉ QUELQUE CHOSE

            IL Y AVAIT À CE BALCON
            UN CHANT QUI ME REGARDAIT
            LE TRAIN L'A PEUT-ÊTRE EMPORTÉ
            LE BALCON EST INDIFFÉRENT
  MAIS LA VIGNE N'ÉTAIT QUE FANTAISIE DE BOIS
              SERPENTANT SUR LE FER
    ET LA VOICI TONNELLE DE VERDURE
  QUE DISENT CEUX QUE J'ENTENDS
                        ILS PARLENT DU BEAU TEMPS
  LES JARDINS FONT MOINS DE BRUIT POUR CHANTER LE
                                                  SOLEIL
        UNE HIRONDELLE A FENDU MON POÈME
  QUI ÉTAIT DÉJÀ COUPÉ PAR LES FILS TÉLÉGRAPHIQUES

QU'AI-JE DONC FAIT À LA POUSSIÈRE
POUR QU'ELLE COURE SUR MOI DE SI LOIN
QUE DE CHOSES SUR LA ROUTE
AIMENT LE TOURBILLON QUI PASSE
ET SE DONNENT À LUI
COMME POÈTE À LA POÉSIE
DANS LES PAYS SANS SOLEIL
COMBIEN LES CHOSES DOIVENT S'ENNUYER TOUTES
SEULES

QUELLE CRUAUTÉ IL FAUT AVOIR
POUR SÉPARER LES CHOSES DE LEUR OMBRE
OMBRES JOUEUSES DES FEUILLES
OMBRES LYRIQUES DES MAISONS
DÉCOR MOUVANT DE NOS RUES
OÙ ALLEZ-VOUS QUAND VOUS QUITTEZ
CELLE QUE VOUS AIMEZ TANT
EN VÉRITÉ LE BLEU VA TRÈS BIEN AVEC TOUT
HOUOUOUOUOUOUOUOU
MAIS IL Y A BIEN D'AUTRES CHOSES QUE LES OMBRES
ET SI LES TOITS SONT ROUGES
C'EST QUE LES ARBRES SONT VERTS
IL Y A DES NIDS DANS LES ARBRES
ET DES LITS DANS LES MAISONS
MAIS LES OISEAUX NE PEUVENT PAS S'ENTREBAISER
TOUT NUS

CE DOIT ÊTRE BIEN ENNUYANT
D'ÊTRE HABILLÉ POUR TOUTE SA VIE
UI UI UI UI UI UI UI

OUI OUI OUI OUI OUI
QUAND NOUS SERONS NOS ARRIÈRE-PETITS-ENFANTS
NOUS ENTENDRONS JE VOUS DIS
LES OISEAUX PARLER
MAIS JE NE SAIS PLUS TRÈS BIEN
SI C'EST UN CANARD OU UNE OIE
QUI RÉFLÉCHIT SUR LA ROUTE

MA TÊTE EST PRESQUE RONDE

ELLE A DU SOLEIL DESSUS

DU SOLEIL DEDANS

LA TERRE EST COMME MA TÊTE

L'HOMME L'A FAITE À SON IMAGE

ELLE ET MOI SOMMES EN TRAIN DE CUIRE

ENTRE DEUX FEUX

MAIS IL EST VRAI QU'ELLE ET MOI

SOMMES PARFOIS À L'OMBRE

TOUT AU MOINS D'UN CÔTÉ QUAND CE N'EST PAS DES DEUX

GLOIRE À BERNARDIN DE SAINT-PIERRE

CETTE PUCE EST NOIRE

PARCE QUE CE LINGE EST BLANC

MAIS REGARDE UN PEU PAR TERRE

NE MARCHE PAS SUR CE SOLEIL

IL VA COUPER TA SEMELLE

C'EST BIEN EMBÊTANT

IL Y A TOUJOURS QUELQUE PART

DES GENS QUI FRAPPENT À UNE PORTE QUI NE S'OUVRE PAS

MAIS CEUX QUI SONT DEDANS DEVRAIENT OUVRIR

CAR LES MURS SONT TRANSPARENTS

COMME L'AMOUR D'UNE VIERGE

JE N'AVAIS PAS ENCORE OUVERT LES YEUX

QUE DES BOUFFÉES DE JOIE M'ARRIVAIENT PAR

L'OREILLE

ET DÈS QUE JE LES AI OUVERTS

LA CHAMBRE

AVEC SA LUMIÈRE ET L'ARMOIRE OUVERTE

EST ENTRÉE DANS MA TÊTE

UN CONTE D'AUTREFOIS S'Y PROMENAIT

SUR UN TRANSATLANTIQUE COURANT LE PACIFIQUE

UN VIEUX POÈTE DE MA JEUNESSE Y FAISAIT DES VERS

USAGÉS

AVEC UN VIEUX FOULARD AUTOUR DU COU

IL Y AVAIT AUSSI UN GRAND FAUTEUIL À OREILLETTES
ET LA DANSE QU'UN DANSEUR DANSA
ET LES ROSES DE LA TAPISSERIE AVEC LE PARFUM DE LA
ROSE
JE VOIS TRÈS BIEN L'ENTRÉE MAIS NON PAS LA SORTIE
MA TÊTE EST UNE TIRELIRE
OÙ JE METS TOUS LES JOURS DU SOLEIL

LA PLANÈTE FAYE RESTE DÉCIDÉMENT INTROUVABLE
ET CETTE FEMME À SA FENÊTRE
BAT SON TAPIS EN CHANTANT
LUI QUI NE LUI FIT JAMAIS DE MAL
ET JE CONSTATE QUE LA POUSSIÈRE
N'AIME PAS LES COUPS DE BÂTON
UN HOMME DEMANDE S'IL FAIT GRAND VENT
VOICI LES CLOCHES DE MIDI
ET LA ROUTE EST TRÈS CONTRARIÉE
PARCE QUE LE TRAIN LUI A PORTÉ
DES CHAIRS BLANCHES ET DES HABITS GRIS
AVEC DES SOULIERS NOIRS QUI FONT DU BRUIT
DE QUEL HIVER ARRIVENT-ILS CEUX-LÀ

SATURNE SE COUCHE DE PLUS EN PLUS TÔT
C'EST UN LÉZARD VERT
OO OO OO OO OO OO OO OO O
AAAAA
VERT COMME UNE SALADE

IL VA FALLOIR DORMIR
ET PENDANT TOUT CE TEMPS
QUE SE PASSERA-T-IL
UNE FOIS PAR ANNÉE SEULEMENT
PETIT JÉSUS APPORTE DANS LA NUIT
DES JOUETS AUX PETITS ENFANTS

MAIS TOUTES LES NUITS IL PRÉPARE UNE AURORE
LES PAROLES VONT AUSSI DANS LA NUIT

JE DIRAI LA JOIE DES SEPT COULEURS
ATCHOU ATCHOU LE CIEL EST BLEU
ALORS OR DORE DÉCOR ENCOR ADORE ODORE
UN CHIEN PASSE IL TIRE LA LANGUE
PARCE QU'IL EMPORTE SON OMBRE SOUS LUI
LUMINOSITÉ INSONDABLE DE L'INFINI LYRIQUE
LE MONDE N'EST ÉCLAIRÉ QUE POUR LES POÈTES
ET PEUT-ÊTRE AUSSI POUR LES BÊTES
TI TITI TITITI DZZ II II UUUU I
BRUNE SONORITÉ DES PARFUMS COLORATIONS DES SONS
SOUFFLE COUPLE SOUPLE QUI S'ACCOUPLE
ET MES YEUX AUSSI FONT DE LA LUMIÈRE
VOUS DEVRIEZ PRENDRE UNE OMBRELLE

À LA GRILLE DU BALCON
IL Y A DOUZE PETITS RONDS
QUI REGARDENT NUIT ET JOUR
LES MÊMES MAISONS
ET LES MÊMES MAISONS
REGARDENT NUIT ET JOUR
LES DOUZE PETITS RONDS
DE LA GRILLE DU BALCON
LES OISEAUX LES GENS LES SAISONS
PASSENT ENTRE EUX
ET JE SUIS ASSIS SUR LE BALCON
MAIS IL Y A AUSSI DES FEMMES À D'AUTRES BALCONS
DEVANT LESQUELS ON PASSE
ET QUELQUES-UNES PEUVENT LAISSER TOMBER SUR LES
PASSANTS
LES BOMBES ASPHYXIANTES DE L'AMOUR
ON LA VOIT DE PROFIL
ELLE A BEAUCOUP DE BAGUES

ET DE L'AUTRE CÔTÉ IL Y A LA MER VERTE
TU PENSES À CELUI QUI PASSAIT
CELUI QUI PASSAIT EST PASSÉ
JE NE REVERRAI SANS DOUTE JAMAIS
LE PINSON QUI VIENT DE S'ENVOLER
QUELLE FORME DONNERAI-JE AUJOURD'HUI AU
MONDE
LA FORME D'UN VENTRE QUI VEUT

LA ROUTE BLANCHE EST TOUTE RAYÉE
DE ROBES BLANCHES RAYÉES
VÉRONÈSE LAQUES ET COBALTS
CADMIUM À BICYCLETTE
TOUT CE BLANC ET TOUTES CES COULEURS VONT À LA
MESSE
LES MAISONS SONT SANS DOUTE VIDES À PRÉSENT
QUE SE PASSE-T-IL DANS LES MAISONS
QUAND ELLES SONT SEULES
IL Y A HUIT ŒILLETS À MON ESPADRILLE
ET MON PIED EST GRAND COMME LA MOITIÉ D'UN ARBRE
JE SUIS À PEU PRÈS CERTAIN QUE POUR LES OISEAUX
LES PAPILLONS LES ARBRES ET AUTRES ANIMAUX
LES JOURS N'ONT PAS DE NOM
PUISQU'ILS N'ONT PAS LA ROBE DU DIMANCHE
LA SEMAINE DURE TOUT L'HIVER
ET LE DIMANCHE TOUT L'ÉTÉ
LE CHEMIN FAIT LE TOUR DE LA MAISON
DEVANT IL Y A LA VIERGE MARIE
ET DERRIÈRE ÇA SENT LA FRITURE
UIUIUIUIUIUIUIUI I I I I I I I
UN OISEAU QUI FAIT SA PRIÈRE
ET MON AMI LE LÉZARD
NE FAIT-IL PAS AUSSI TOUT L'ÉTÉ SA PRIÈRE
MAIS POURQUOI FUYEZ-VOUS LA LUMIÈRE
BELLES ROBES LÉGÈRES
VOUS N'Y VERREZ PAS

44

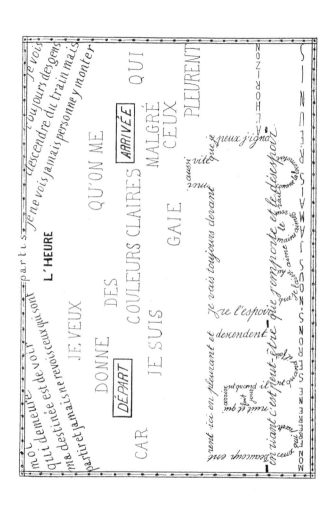

LÀ-BAS
POUR FAIRE VOTRE PRIÈRE
QUANT AUX LÈVRES LAISSONS-LES AUX BAISERS
TANT QU'ON N'EST PAS GAGA
LE YONNI EST FAIT POUR LE LINGA
AAAAA   AAAAA

LE LINGA POUR LE YONNI
LE JARDINIER PLANTE SES GÉRANIUMS
iiiiiiiii

CE MATIN J'AI CUEILLI DEUX ROSES
QUI NE L'ÉTAIENT PAS
L'UNE ÉTAIT ROUGE ET L'AUTRE BLANCHE
ELLES VONT ÉCLAIRER MA TABLE
PENDANT QUE LE SOLEIL EST ALLÉ FAIRE UNE PETITE
COMMISSION
NE SONT-ELLES PAS SES FILLES
OR LES FILLES RESSEMBLENT AU PÈRE
ET LES FILS À LA MÈRE
QUEL BEAU MÂLE QUE CE PÈRE
EN A-T-IL FAIT DES ENFANTS À LA TERRE
AS-TU BIEN DÉJEUNÉ DIT JACQUOT L'OISEAU VERT
MAIS LES ROSES SONT TOUTES NUES DEHORS
TANDIS QUE NOTRE CHAIR
DEPUIS PRÈS DE VINGT SIÈCLES
S'ENNUIE TANT DANS SON NOIR
PUNIE D'ÊTRE TROP BELLE
LE SOLEIL DOIT PARFOIS REGRETTER
D'ÉCLAIRER DES GENS SI SOTS
Houououououououou   uouououououououo
JE VOIS BIEN QUE LA VILLE N'EST PLUS LA MÊME
MAIS OÙ DONC A-T-ON MIS L'AUTRE

J'AIME CEUX QUI RIENT
ET MA PEAU COULEUR DE COUCHANT

JE SUIS VENU DANS LA VILLE POUR ENTENDRE LA
GUERRE

ELLE Y FAISAIT UN BRUIT DE FLUX
MAIS JE SUIS REVENU DE LA VILLE
ET LE BRUIT EST RESTÉ DERRIÈRE MOI

IL RESTE ENCOR BIEN DU SILENCE DANS LE CIEL
ET CES ENFANTS TUENT DES FLEURS
CEPENDANT QUE LEUR MÈRE FAIT FAIRE **A**
AU PETIT BOIS QUI BIENTÔT SERA DU FEU SOUS SA POÊLE
ET LE CRIEUR SUR LA ROUTE
EMPLIT L'AIR DE CAROTTES DE RADIS ET DE FRAISES
ET POURTANT D'AUTRES RONFLENT DANS LA VILLE ANTI-
PODIQUE ENDORMIE
DE LA SPLENDEUR DE MON JOUR JE REGARDE VOTRE
NUIT
IL Y A TOUJOURS QUELQU'UN D'ÉVEILLÉ SUR LA TERRE
ET CEUX-CI QUE FONT-ILS AU SOLEIL
POU POU POU CHOU GENOU HIBOU
SOMBRES ET MOUS
CE SONT DES GENS LAIDS QUI BARRENT LA ROUTE
DO SI JE VOUDRAIS QUE L'ON M'ACCROCHÂT
UNE BELLE NACELLE AUX NOTES QUI S'EN VONT
MAIS N'EN EST-IL PAS QUI REVIENNENT
ET POURQUOI TOUS CES TROUS BLEUS DANS LA FORÊT
CE SONT PEUT-ÊTRE LES CHANTS DES OISEAUX QUI LES
ONT FAITS

C'EST UN HOMME QUI MARCHE LÀ-BAS
C'EST POSSIBLE
MAIS S'IL LUI PLAÎT À CETTE FEMME DE S'HABILLER EN
HOMME

47

JE SUIS ÉMU DE M'ÊTRE ÉVEILLÉ CE MATIN
AMIRAL DES MOTS

IL Y EN A TOUJOURS QUI DEMANDENT L'HEURE
MOI JE SUIS FACE AU CIEL PARFUM DES YEUX
JUSQU'ICI JE N'AVAIS JAMAIS PRIS LA LUMIÈRE
tiou tiou tiou tiou iiiii uuuuuu i
MAÎTRESSE ÉBLOUISSANTE ME SENS-TU
MAIS TU AS D'AUTRES AMANTS
MAÎTRESSE AUX CENT LÈVRES
JE VEUX ÊTRE SEUL
J'AI ASSEZ D'AMOUR POUR SATISFAIRE À TON AMOUR

AUJOURD'HUI LE COQ CHANTE
JE VEUX QUE NOUS NE NOUS QUITTIONS PLUS
JE T'ÉPOUSE LUMIÈRE
OÙ OÙ   ICI PAR ICI   OÙ OÙ   ICI PAR ICI
ET L'ÉPOUX DOIT SUIVRE SON ÉPOUSE
NOUS ALLONS CRÉER TOUS LES DEUX
ET TU APPARAÎTRAS SUR LA PLAGE
EN MAILLOT ÉCARLATE
ET TU PLONGERAS DANS LA MER
TOUS LES DÉSIRS DES MÂLES

LES ENFANTS ONT HIER PAVOISÉ MON REPAIRE
DE GUIRLANDES DE RIRES DE COULEURS
LA NUIT A VOLÉ QUELQUE CHOSE
IL NE RESTE PLUS GUÈRE   BLANC   QU'UN NŒUD ROUGE
QUI COURT
IL Y A AUSSI DES VOIX DERRIÈRE LES ARBRES
MAIS CE NE SONT PAS LES VOIX DES ARBRES
CES SAGES QUI REGARDENT SI PAISIBLEMENT LES UNS
PAR-DESSUS LES AUTRES

LA BALANÇOIRE GRINCE À DEUX TEMPS
BLANC   QUE FAIT-ON DES JOURS QUI SONT PASSÉS
QUEL GASPILLAGE QUE CES JOURS JETÉS CHAQUE SOIR
IL Y A PEUT-ÊTRE QUELQUES PAUVRES QUI SERAIENT
                              HEUREUX DE LES AVOIR
MAIS BASTE UNE FEMME ÉLÉGANTE ET RICHE NE MET
                    JAMAIS DEUX FOIS LA MÊME ROBE
        NE SOMMES-NOUS PAS ASSEZ RICHES MESSIEURS
POUR NE JAMAIS VOIR DEUX FOIS LE MÊME JOUR
      VOICI LE MIDI D'AUJOURD'HUI   BLANC
MAIS JE NE SAIS PAS ENCORE ASSEZ ÉCRIRE
POUR DONNER À MON POÈME L'ODEUR DU FOIN
              ET LA COULEUR DU CIEL
                  UNE JEUNE FILLE EN BLANC
                  S'EST PROMENÉE DANS MON POÈME
                  MAIS ELLE N'A RIEN DIT
LES CHOSES D'HIER FONT DES VIRAGES ÉLANCÉS
        LES CHOSES D'HIER SONT DES HIRONDELLES
    MAIS QUE M'IMPORTE HIER C'EST AUJOURD'HUI QUE
                                          J'AIME
LE MASSIF AUJOURD'HUI INSÉPARABLE DE MOI-MÊME
          POURTANT IL ÉTAIT TOUT HABILLÉ D'OR
              ET DE COULEURS EN RUT
          QU'EST DEVENUE LA FIDÉLITÉ
DU CHIEN SÉPARÉ DU CRÂNE QUI COUCHE À PRÉSENT
                              SUR MA TABLE

      Trrradatzi datzi datzi datzi
    JE VIENS D'ACHETER UN PANTALON BLANC
        POUR FAIRE PLAISIR AU SOLEIL
      LA CLARTÉ ALLÈGE NOTRE MONDE
ET IL Y A DES GENS LOURDS DANS LE FOND DES MAISONS
      COMME DES ROCHES AU FOND DES EAUX
LES MAISONS NE SONT PAS TOUTES DE LA MÊME HAUTEUR
        LES HOMMES NON PLUS
LES PETITES ONT À PORTER L'OMBRE DES GRANDES

ROUTE QUI MONTE ET BICYCLETTE
C'EST HIER QUI PASSE
IL ME TARDE D'ÊTRE À DEMAIN POUR METTRE MON
                              PANTALON BLANC
    LE SOLEIL EST COUCHÉ J'AI DISPARU

    JE VEUX QUE MON POÈME SOIT UNE CAPITALE
        AVEC SES GRANDES AVENUES
        SES ÉDIFICES ET SES BOUGES
            SI TU BOUGES
            TU ÉTERNUES
        Ô POÈTE TOI QUI CROIS CRÉER
AUTOCOMPILATEUR NE VOIS-TU PAS QUE CE QUE TU ÉCRIS
ÉTAIT ÉCRIT DÉJÀ DANS L'IMMENSITÉ DE TOI-MÊME
UN HOMME PASSE SUR LA ROUTE EN FAISANT DES
MOULINETS AVEC SA CANNE
            SA JOIE DEVIENT PÉTROLE ET SON BRAS
                              VOLANT
        TIENS LES FILS TÉLÉGRAPHIQUES SONT DES
                              PORTÉES VIERGES
            LA MUSIQUE EST À L'INTÉRIEUR
        C'EST PRESQUE AUSSI MYSTÉRIEUX QU'UNE PORTÉE
                              DE VIERGE
ALORS POURQUOI ATTENDONS-NOUS LA NUIT POUR
                              FORNIQUER
            AIDE-TOI LE CIEL T'AIDERA
        ET NOUS NOUS ENFERMONS DANS LA CHAMBRE
LE VENT SUR LA JETÉE RELÈVE LES JUPES EN PLEIN JOUR
QUAND IL LUI PREND ENVIE D'ÉPOUSER QUELQUE FEMME
    MAIS L'AMOUR EST AU POINT DE FUITE

    MA PENSÉE SUR MES DEUX FESSES
    EST EMPREINTE DANS LE SABLE CHAUD
        NOTRE OMBRE EST À CÔTÉ DE NOUS
    VOICI UNE MAISON QUI FAIT DE LA MUSIQUE

Derrière
Il Y a la mer
Et derrière la mer
Il Y a d'autres maisons

J'invite

les oiseaux

à chanter pour elle

aux mois d'été je me grille

pour la protéger

et l'hiver je lui donne

un peu de moi-même pour   la réchauffer

J'aime mon amie mon épouse qui vieillit fidèlement à mon côté

Je lui prodigue tendrement mes caresses

à chaque printemps pour lui plaire

de plus noble et je me sacrifie pour tous ceux   qui font   appel

Je suis triste et je ne vois jamais le soleil

à moi et pourtant   on ne me   regarde pas   souvent

J'offre
au mou
de des
genssus

mes amis

sont

les chats

ET JE SUIS AUSSI PARFOIS TRÈS GAI

**Je suis
à la dis
position
des viva
nts et de
s morts**

Je laisse
en tre vn
lr le m
on d e

de s'aplir ce qu'il y a   jesuis ce qu'il y a

Je sais des choses épouvantables

Je vois bien la musique
Mais non pas la maison
Et la musique m'a pris en passant
Où va-t-elle me conduire
Déjà nous sommes la forêt avec ses couleurs et
ses parfums
Ses couardes villas
Et ses sentiers merdeux
Et j'ai fait peur à la petite fille
Qui emportait de l'or sur sa tête en courant
Car Jean-Jacques vient enfin de faire construire
Sa maison blanche aux volets verts
Mais ils ne sont jamais ouverts
Les maisons fermées sont beaucoup plus grandes
que les maisons ouvertes
Surtout quand il y a de la mousse sur les
marches
Hop la maison blanche a disparu
Un roitelet vient de passer devant
Mes frères antérieurs combien vous devez nous
envier
Vous qui n'eûtes que des ailes et une lyre
Nous les poètes perfectionnés
Mais ce lorgnon me fait mal au nez
Un' deux un' deux un' deux un' deux un' deux
un' deux
Un rire court devant moi
Et il ne reste plus dans le sable
Que la forme de mes deux fesses

Quelque chose a passé sur le sable
On n'a rien entendu
Une ombre ne fait pas plus de bruit qu'une
grande douleur
Ce matin j'ai été en me promenant jusqu'à l'au-
delà

SUR UN TAPIS ROULANT
ET J'Y SUIS ENCORE
DE LÀ JE VOIS TRÈS BIEN
LE VERT SANS LA FORÊT
L'AMOUR SANS LES AMANTS
LA GRANDEUR SANS LES OBJETS
ON Y ENTEND AUSSI CRIER
LA MARCHANDE DE FROMAGE À LA CRÈME
SON CRI MONTE AVEC TOUTE LA RUE
SA PETITE VOITURE ET LES FEMMES AUTOUR
AVEC LEURS BOLS BLANCS
IL N'Y A QUE LE FROMAGE QUI NE MONTE PAS
MAIS JE M'APERÇOIS QUE JE ME SUIS LAISSÉ
PARTOUT OÙ JE SUIS PASSÉ DEPUIS QUE JE SUIS NÉ
ET JE TRAÎNE DERRIÈRE MOI UN FILM DÉJÀ BIEN LONG
ALORS SI NOUS ACHETIONS UNE OMBRELLE JAPONAISE
NOUS VENONS DE L'OUVRIR EN ARRIVANT
LA JOIE QUI A JAILLI DE SES VIOLETS
A REPOUSSÉ LES SIX PAROIS DE LA CHAMBRE
COMPRENEZ-VOUS MAINTENANT POURQUOI LE MONDE
EST PLUS GRAND L'ÉTÉ

C'EST   UN   HOMME   ENFERMÉ   DANS   UNE   PROJECTION
INUTILE DE LUI DEMANDER LE NOM DE LA RUE OÙ IL EST
ELLES   SONT   DEUX   MAIS   IL   N'Y   EN   A   QU'UNE
À   BIENTÔT   NOUS   SOMMES   ENCORE   ICI   PEUT-ÊTRE   POUR
REDOUTABLEPOSSIBILITÉDESCHOSESQUINESONTPASENCOR
KAC   KEC   KIC   KOC   KUC   KAC   KEC   KIC   KOC
UN   SOURIRE   A   PASSÉ   ENTOURÉ   DE   DENTELLES
NOUS   NE   MARCHONS   JAMAIS   DANS   LE   MÊME   SENS
C'EST   POURQUOI   JE   DIS   NOUS   NOUS   RENCONTRERONS
IL   Y   A   DES   GENS   QUI   PASSENT   DANS   LA   PROJECTION
ET   QUI   NE   SONT   PAS   ÉCLAIRÉS   COR   COR   ENCOR   ACCORD
SOUS   LES   SOUS   LES   SONS   SONT   SAOULS   SUÇONS
PERSONNE N'A JAMAIS VU LE MOTEUR QUI PRODUIT LA LUMIÈRE
ILS   SONT   BIEN   OBLIGÉS   DE   DEVENIR   QUELQUEFOIS

INHUMAINS LE PETIT OISEAU MANGERA LE SERPENT
NOIR ET BLANC LE PROJECTEUR EST SUR L'AUTRE TROTTOIR

MES SEMELLES N'ONT JAMAIS APPRIS À DESSINER
ELLES FONT POURTANT UN BEAU DESSIN TOUJOURS
LE MÊME
ET CHACUN DE MES PAS LAISSE UNE GAUFRETTE
SUR LE SABLE
LES AUTRES PIEDS LES MANGENT
IL Y AVAIT À L'INSTANT PRÈS DE MOI
UN BEAU DEVANT DE VIERGE QUI S'OFFRAIT AU VENT
EN FAISANT LA GRIMACE
BIEN DES GENS TRAVERSENT ET NE VOIENT PAS
LES CHOSES MERVEILLEUSES QUE JE VOIS
IL Y A MÊME BEAUCOUP DE GENS QUI FONT LA GRIMACE
AU SOLEIL
ET POURQUOI NE DIRAIS-JE PAS QUE CE PETIT
GARÇON
FAIT DES TROUS AU PLAFOND
AVEC LE MORCEAU DE SOLEIL QU'IL A VOLÉ
PUISQU'UN POÈME DOIT MOULER LA VÉRITÉ
Whou Whou Whou Whou Whou Whou Whou Whou
UN CHIEN QUI PASSE PAR-DESSUS LA FORÊT
IL AURAIT PU ALLER TRÈS LOIN CAR IL ÉTAIT BIEN LANCÉ
MAIS IL A RENCONTRÉ LE TRAMWAY
QUEL ENCOMBREMENT IL Y A PAR MOMENTS AU-DESSUS
QUE D'ÉCRASEMENTS DONT ON NE PARLE POINT
PARCE QU'ILS SONT DE LA COULEUR DU CIEL

JE VOUDRAIS AVOIR UN PAS DE PLOMB POUR MIEUX
AIMER LA TERRE
ET JE VOUDRAIS LA PORTER À BRAS TENDU COMME UNE
GRUE
MAIS LE SOL NE FAIT PAS ATTENTION QUAND JE
MARCHE

Je voudrais aussi comme un oiseau
Réfléchir à l'avenir assis sur un fil
télégraphique
Il arrive toujours un moment où la route est
fatiguée d'aller tout droit
Je voudrais être persévérant comme la mer
Qui ne se lasse jamais de faire des vagues qui se
brisent toujours
Hip hip Hurra Hip hip hip Hurrah
Le ciel a fini sa toilette
Voilà que les pierres vont se mettre à
chanter
Hip hip hip Hurra Hip hip hip Hurra
N'oubliez pas que nous devons courir le
monde
Comme un beau chien de chasse
La queue en l'air

Le ciel est aujourd'hui beau comme un vase
de Chine
C'est un jour à faire du soleil avec les
mots
Et d'en haut la terre doit être belle comme un
poème de joie
Mais ne croyez pas que ceux qui agitent le plus
leurs bras et leurs jambes
Soient ceux qui parcourent le chemin
le plus long
Hohé les cris sont des ponts que l'on jette
Et sur lesquels on ne passe pas toujours
Les cloches aussi jettent des ponts
Pour faire le chemin plus court à ceux qui
vont prier
Il ne faut jamais se retourner
Pour voir le moi qu'on laisse quand on s'en va

MAIS IL FAUT TOUJOURS SUIVRE LES GRELOTS QUI
                              PASSENT DANS LE VENT
ET D'ICI JE DOMINE LE CROISEMENT DES ROUTES
                              MANGEUSES D'HOMMES
MAIS UN POÈME N'EST PAS UNE ROUTE C'EST UN FLEUVE
ET DERRIÈRE LA ROUTE IL Y A UN HOMME QUI BÊCHE SA
                                          TERRE
            UN GROS ARBRE SORT DE SON DOS
ET TOUTE UNE BOUSCULADE DE NOTES ENDIABLÉES
                      VIENT DE TRAVERSER EN RIANT
         UNE PROPRIÉTÉ OÙ IL EST DÉFENDU D'ENTRER
    Cot cot cot codète Cot cot cot codète
            LA POULE A FAIT SON ŒUF
    MAIS CELA N'EMPÊCHE PAS QUE LA VOITURE ET LE
                                        CHEVAL
VIENNENT DE PASSER SUR LE ROUGE DU MANTEAU DE LA
            JEUNE FILLE QUI MARCHAIT TOUT À L'HEURE
                                    SUR LA ROUTE
         JE SENS QU'IL Y A QUELQUE CHOSE EN MOI QUI
                                          DANSE
            EN JUPON COURT ET ROSE

    J'AI DEPUIS CE MATIN TOUTE LA FORÊT DANS LE CORPS
            ELLE M'EST ENTRÉE PAR LE NEZ
         JE CROIS MÊME QUE LA MER ÉTAIT AVEC
         Ô MYSTÈRE DE LA COMMUNION
MAIS QU'AI-JE FAIT DE TOUTES LES CHOSES QUE J'AI VUES
J'AI ENVIE DE COMPTER LES AIGUILLES DE PIN QUI SONT
                                    AUTOUR DE MOI
ET LES PETITES HERBES ET LES PETITES FLEURS
            Et do ré mi fa sol la si do ré mi fa sol la si
J'AI FAIT LE TOUR MAIS C'ÉTAIT AUSSI FERMÉ DERRIÈRE
            J'AI VU BEAUCOUP DE ROUTES
         JE N'AI PAS PU LES SUIVRE TOUTES
                          UN CORBEAU PLANE
UN VEAU BEUGLE

56

BELLES DÉSESPÉRÉES

je m'en fous mon a depuis longtemps

passe au travers

rouge

PLIEZ PAS PAUVRES

Que une sommes nous des champs fleurs

VOUS NE SORTIR

ENTRERA P

ENFERME NE ME SUP

Nous voulons appartenir à qui nous avons

le plaisir

LE CIEL EST AU DESSUS DU JARDIN

la barrière est morte—

les fleurs sont vivantes—

ENFERMÉES JE VOUS

Moi je vais mourir

REZ PAS VOUS NE

ICI POUR VOUS TENIR

ON N'ENTRERA PAS

et moi je suis si blanche

je suis petite

MON MAÎTRE M'A MISE

VOUS NE SORTIREZ

Laissez moi passer

je suis si jeune

JE SUIS INÉBRANLABLE

ON N'ENTRERA

Et je passe entre les deux
Mais je ne marche pas très droit
Je ressemble un peu aux petits sentiers des
bois
Qui cherchent la grand'route qu'ils viennent de
quitter
Deux dames déjeunent en face de la mer
Elles ont l'air de s'ennuyer en robes claires
Mais la troisième est près d'un guerrier qui vient
en permission
Et les deux n'en feront bientôt plus qu'un
Les wagons du train se suivent comme des
générations
Ils ont fermé la fenêtre mais c'est plus grand
dedans que dehors

L'OMBRE A TOUT ENTENDU ET L'A REDIT À LA LUMIÈRE QUI ÉTAIT À CÔTÉ

IL Y A DES PINS DES CHÊNES ET LA LUMIÈRE M'A TOUT RÉPÉTÉ

ILS N'ÉTAIENT PAS DEUX MAIS TROIS ET PUIS DES VOIX QUI PASSAIENT PAR-DESSUS

ET PUIS IL Y A DU ROSE-ROUGE ASSEYEZ-VOUS PLUS LOIN AH SI SI SI

ET PUIS LA PLACE EST TOUJOURS LÀ EST-CE LE SOUVENIR LA ROBE OU LA JEUNESSE

AH AH — HI HI — HA HA ELLE SE SOUVIENT ELLE SE SOUVIENT DE LEUR JEUNESSE

JE NE SAIS SI LE SON A VU QUELQUE CHOSE EN PASSANT IL NE S'EST PAS ARRÊTÉ

JE CROIS BIEN QUE LE PLUS PETIT DÉSIR EST PLUS BRILLANT QUE LE SOLEIL

C'EST POUR CELA QU'ON LES VOYAIT SI BIEN ILS N'ÉTAIENT NI DEUX NI TROIS

J'EN AI VU BEAUCOUP PLUS MAIS ILS NE LES ONT PAS VUS PUISQU'ILS N'Y VOYAIENT PAS

PARCE QU'ILS ÉTAIENT ENFERMÉS DEDANS COMME UN DIEU DANS SA CRÉATION

ET CE SONT TOUJOURS LES DEUX MÊMES DEPUIS CENT MILLE ANS

QUE CETTE COMÉDIE N'A PAS QUITTÉ L'AFFICHE DE TOUTES LES COULEURS

QUAND ILS VIENNENT LA FORÊT DISPARAÎT MAIS CETTE ANCIENNE COMÉDIE

PEUT TOUJOURS DEVENIR UN NOUVEAU POÈME QUAND ILS S'EN VONT ELLE REVIENT

C'EST POURQUOI JE TISSERAI LE SOLEIL AVEC LE SON DES CLOCHES ET L'AMOUR DU JEUNE HOMME

POUR LA JEUNE FILLE

JE ME SUIS SAOULÉ
J'AI CUVÉ MON SOLEIL ET MA CHAIR
MES JAMBES ET MON TORSE EN VONT PELER
ET MON ÉJACULOIR Y A LAISSÉ UN LAMBEAU DE SA
FINE PEAU ROSE
HOUOUOUOUOUOUOU   OUOUOUOUOUOUOU
LA ROUTE MONTE ET DESCEND EN MÊME TEMPS
IL Y A PEUT-ÊTRE QUELQUES DOULEURS EN FORMATION
DANS LE JOUR QUI VIENT
BASTE NOUS EN AVONS TOUS
ET J'EN AI BIEN MOI-MÊME QUELQUES-UNES DANS LE
GRENIER DE MON ÂME
MAIS ON NE VIT PAS AU GRENIER

LE VENT SENT BON

CHERCHE DANS TON SOUVENIR ENSOLEILLÉ LE POÈME INCANDESCENT
VA DE LA LUMIÈRE D'AUJOURD'HUI À LA LUMIÈRE D'HIER
HOP N'AIE PAS PEUR LE PARACHUTE EST DÉPLIÉ SI LA SOL FA
AVEC LE ROUGE DU MAILLOT MON POÈME SE MET DU ROUGE
IMPONDÉRABLEÉLASTICITÉDESCHOSESANTÉRIEURES
RRRRRRRRRRRRR MON VERS VA VERS UN BONNET VERT
COMME ELLE EST GENTILLE 3 ANS MONIQUE VA PLUS LOIN ET COUCHE-TOI SUR
LE VENTRE LE PASSÉ EST EN CAOUTCHOUC L'AVENIR EST EN VERRE
ICI TU POURRAIS METTRE LE BLANC DE LA ROBE ET L'OMBRELLE JAPONAISE
IL Y A UNE MAISON DEVANT LE RIRE DE LA JEUNE FILLE
C'EST NOIR MAIS LE NOIR S'ENLÈVE ET LE DESSOUS EST ROSE
ET LE ROSE DEMEURE LES DÉSIRS FONT DE BEAUX DESSINS SUR LE CIEL
PLEINS DE CUISSES DE VENTRES DE COULEURS DE RIRES ET DE CRIS
VERJUS N'EST PAS JUS NE RENTREZ PAS TROP TARD POUR
HIER M'A MIS UNE POINTE DE SEIN DANS L'ŒIL
ET ÇA ME GÊNE UN PEU POUR VOIR AUJOURD'HUI

QUAND JE T'AURAI VUE TOUTE NUE N'AURAI-JE PLUS RIEN
À VOIR
UN HOMME ET UNE FEMME PASSAIENT
AU TOURNANT DE LA ROUTE LE TALUS LES A PRIS ILS
N'ONT RIEN DIT
CE N'EST PAS SURPRENANT PUISQUE LES ARBRES FONT
DISPARAÎTRE
LA MOITIÉ D'UNE MAISON SANS QUE CEUX QUI
L'HABITENT S'EN APERÇOIVENT
IL EST VRAI QUE LES ARBRES EN RESTITUENT DES
MORCEAUX QUAND ILS REMUENT
LE TALUS VIENT ENCOR DE PRENDRE UNE FEMME TOUT
HABILLÉE
MAIS LES MAISONS SONT FAITES À LA TAILLE DE
L'HOMME
MON POÈME N'EST PAS FAIT POUR HABITER UNE
MAISON
ET MOI JE ME TROUVE À L'ÉTROIT SOUS LE CIEL
C'EST POURQUOI JE CONSTRUIS MON POÈME
ET C'EST LUI QUE JE VEUX HABITER
POUR QUELQUES AMIS DU PASSÉ DEUX OU TROIS DU
PRÉSENT
ET QUELQUES-UNS DE L'AVENIR J'Y VIVRAI ÉTERNELLE-
MENT
ET JE LES RECEVRAI AVEC TOUTE MA LUMIÈRE TOUT MON
AMOUR TOUTE MA JOIE
ON FERA DU BRUIT
LA MUSIQUE CHANGE LA COULEUR ET LA FORME DES
CHOSES QUAND ELLE PASSE
QUAND ELLE S'ARRÊTE C'EST UNE PROJECTION QUI
S'ÉTEINT
CEUX QUI SONT PASSÉS NE M'ONT PAS VU
MA JOIE FAIT DE LA POUSSIÈRE SUR LA ROUTE
BOUSCULE ET VOLATILISE LES IMBÉCILES
ET COURT SUR LES TOITS ROUGES

EH BIEN OUI LE SOLEIL M'A MORDU JUSQU'À L'OS
QUELQU'UN SE PROMÈNE DO RÉ MI FA SOL SUR
MES IDÉES

C'EST UN MÂLE LA SI DO SI LA SOL
ET MOI AUSSI FA MI RÉ DO MI SOL DO
ET POURTANT C'EST UNE MORSURE D'AMOUR
DO RÉ MI FA — SOL LA SI DO — DO
LES FLEURS ET LES ARBRES DES JARDINS S'ENNUIENT
PARFOIS JUSQU'À MOURIR D'AVOIR UNE CEINTURE
ILS ENVIENT DO RÉ MI FA SOL LA SI
QUI PASSENT PAR LA FENÊTRE
Ah — Hi — ooo — oo — rrrrrri —
rrrrrri — hi — Ah
SI J'EMMENAIS MON POÈME VOIR LES FEMMES SE BAIGNER
MAIS LA POULE A ENCOR PONDU
QUELLE RÉVOLUTION DANS LA BASSE-COUR POUR UN
ŒUF
ENCOR SI JE SAVAIS LA COULEUR DE SES PLUMES
MAIS J'AIME MIEUX REPARTIR EN ÉGYPTE
OÙ J'ÉTAIS À L'INSTANT OÙ LA POULE A CHANTÉ

IL Y A BEAUCOUP D'ARBRES QUI VIVENT ENSEMBLE
ILS NE SONT PAS TOUS DE LA MÊME FAMILLE ET ILS
S'ENTENDENT BIEN
IL Y A BEAUCOUP DE TÊTES PENCHÉES LES UNES SUR LES
AUTRES
ON A COUPÉ QUELQUES ARBRES POUR QUE LES HOMMES
PUISSENT PASSER
MAIS LES ARBRES SEMBLENT S'AIMER BEAUCOUP LES
UNS LES AUTRES
ET CEUX QUI SONT RESTÉS SE TENDENT LES BRAS PAR-
DESSUS LA ROUTE
CETTE ÉTRANGÈRE INDIFFÉRENTE QUI LES SÉPARE
QUI CONTINUE TOUJOURS ET POURTANT NE VA PAS PARTOUT
LES ARBRES ONT TRÈS BON CŒUR LA FORÊT EST TRÈS
HOSPITALIÈRE
C'EST PEUT-ÊTRE PARCE QUE LES ARBRES ONT TOUJOURS
LA TÊTE PRÈS DU CIEL

JE PRENDS PLAISIR
A M'ÉTENDRE SUR TOI
MAIS
JE SUIS SI LÉGÈRE MA
BIEN-AIMÉE ET MON
BLEU
VA SI BIEN
A TON
BLANC
TOUS LES AMANTS SONT JALOUX
DE LA DOUCEUR DES CARESSES
QUE JE TE FAIS ET L'ARBRE AUQUEL J'APPARTIENS
POUR L'ÉTERNITÉ
QUE DIRAIT-IL S'IL SAVAIT
NOTRE AMOUR IL N'Y A QUE LES
PEINTRES ET LES POÈTES
QUI SOIENT HEUR
EUX DE VOIR NOS BAISERS
DENTELÉS
LES HOMMES MARCHENT
DESSUS

TOUT CE QUI MARCHE RAMPE OU VOLE EST LE BIENVENU
DANS LA FORÊT DE BONNE HUMEUR
ELLE EST SI RICHE ELLE A SI PEU VIEILLI
QU'ELLE NE COMPTE NI CE QU'ELLE DONNE NI CE QU'ON
LUI PREND
LA FORÊT EST LE FOND D'UN OCÉAN OÙ NOUS POUVONS
MARCHER

LA FORÊT AIME JOUER AVEC LE SOLEIL
ELLE AIME CEUX QUI VIENNENT S'AIMER
ELLE DONNE DU BOIS AU BÛCHERON
ELLE MA DONNÉ CE POÈME EST BIEN D'AUTRES ENCOR

METS TA MAIN SUR TES YEUX POUR TE REPOSER UN INS-
TANT DE TOUTE CETTE BEAUTÉ QUI TE VIENT D'ADAM L'IN-
VENTEUR DU MONDE QUE TU DÉCOUVRES CHAQUE JOUR
MAIS NE TE REPOSE QU'UN INSTANT OUVRE TES YEUX À
PRÉSENT AVANCE TES MAINS PERFECTIONNÉES VERS LE
PÈRE DE TA JOIE QUE TES MAINS SE PÂMENT ET LÈVE-TOI
POUR MARCHER TES PIEDS SI BIEN FAITS POUR LA MARCHE
PORTERONT PLUS LOIN TES MAINS ET RENIFLE ÉCOUTE
ET BAISE TOUT CE QUE TU RENCONTRERAS ET SURTOUT
Ô SURTOUT REGARDE REGARDE DERRIÈRE ET DEVANT
DESSUS ET DESSOUS PENCHE-TOI REGARDE BIEN PRENDS
TOUT CE QUE TU VERRAS TOUT CELA EST À TOI TU PEUX LE
METTRE EN TOI ET FAIS DE TOUT CELA DE JOYEUSES
LARMES D'AMOUR ET MAINTENANT SALUE LE PREMIER
HOMME ET CONTINUE LE POÈME QU'IL AVAIT COMMENCÉ

J'AI VU TOUT À L'HEURE UNE CHENILLE QUI AVAIT
DES AILES
MAIS ELLE NE SE SERVAIT PAS DE CES AILES
ET PEUT-ÊTRE QUE MAINTENANT
LE PAPILLON S'EST ENVOLÉ
COMBIEN Y A-T-IL DE MOTS D'ICI AU TOURNANT DE LA
ROUTE

64

ILS N'ENTRERONT PAS TOUS J'AI MIS UN TOURNIQUET À
LA PORTE

BEAUCOUP DE CEUX QUI SONT ICI NE DEVRAIENT PAS Y
ÊTRE

OU DU MOINS PAS À LA PLACE OÙ ILS SE SONT ASSIS TOUT
SEULS

UN POÈTE APRÈS TOUT N'EST PEUT-ÊTRE QU'UN PLACEUR
DE MOTS

MON HABITUDE EST VENUE S'ASSEOIR ICI JE L'AI SUIVIE

ET POURTANT JE CROYAIS BIEN ÊTRE SEUL AVEC LE
SOLEIL SUR LA ROUTE

ET LES MOTS QUI ONT L'AIR D'ÊTRE SEULS SUIVRAIENT-
ILS AUSSI QUELQUE CHOSE

LES HABITUDES QU'ON NE SUIT PLUS OÙ VONT-
ELLES

PEUT-ÊTRE QU'ELLES MEURENT

J'AI HORREUR DE TUER MAIS IL LE FAUT

ME NOURRIRAIS-JE DONC DES MOTS QUE LES GÉNÉRATIONS
ONT DÉJÀ MÂCHÉS

VOUS LES GRANDS AÏEUX MES ANCÊTRES JE
VOUS SALUE

MAIS JE NE VEUX POINT QUE VOUS ME DONNIEZ LA
BECQUÉE

COMMENT DIRAI-JE LA JOIE DU MONDE

MAINTENANT QUE ME VOICI TOUT SEUL

JE LA DIRAI MATHÉMATIQUEMENT

.

JE ME SUIS AUSSITÔT RÉPANDU COMME UNE LUMIÈRE

ON PARLAIT DERRIÈRE LE MUR QUI N'ÉCOUTAIT PAS

IL Y A DES VERS DANS LE PIED DE LA TABLE ET DESSUS

MUSICALITÉ ASCENDANTE DU BLEU UNE CULOTTE UNE CHEMISE

AVEC UN HOMME DEDANS ET DE LA JOIE QUI SE FROTTE LES MAINS

NOTRE BEL AUJOURD'HUI EST AMOUREUX DE NOUS ON A

CHANTÉ LA MARSEILLAISE MAIS C'ÉTAIT UNE VOIX DE

IL ENTRE UN CHANT PLUS BEAU QUE LA MARSEILLAISE

QUAND ON OUVRE SA FENÊTRE LE MATIN LA ROBE

ROSE ROSE EST ÉTENDUE SUR LE CIEL ET SUR LE DIVAN

ET JE DIS QUE LE MONDE EST LE CERCLE DES POÈTES

QUE CELUI QUI N'AIME PAS NE SE RÉVEILLE PAS

LA TRISTESSE EST HORIZONTALE LA JOIE EST VERTICALE

AVEZ-VOUS BIEN DORMI MADAME VÉLINA ET VOUS MERCI

CHAQUE JOUR AUJOURD'HUI EST AMOUREUX DE NOUS

QUAND IL NOUS VOIT PARAÎTRE À LA FENÊTRE

JE VOIS LE VENTRE DES OISEAUX QUI FONT DES LIGNES SUR LE CIEL
ET VOILÀ QUE JE COMMENCE À OUBLIER LE NOM DES CHOSES
EN FACE IL Y A LE DÉSIR EN PIERRE DE QUELQU'UN QUI N'EST PAS LÀ
MAIS JE N'AI RIEN À CRAINDRE C'EST UN DÉSIR ENFERMÉ DANS UN JARDIN
PUIS UN HOMME EN GRIS A TRAVERSÉ MON POÈME SANS LE SAVOIR
ET LA VIE EST UNE CONFITURE QUE JE VEUX MANGER À MÊME
LE POT MES PIEDS NUS PELOTENT LE SABLE COMPLAISANT
ET LA TERRE EST ENCOR BELLE QUAND ON REVIENT DU CIEL
POURTANT NOTRE MONDE DE MAINTENANT RESTERA INVISIBLE
TANT QUE JE N'AURAI PAS TROUVÉ LES MOTS QUI LE CONTIENNENT
ET JE ME SUIS COUCHÉ SUR LE DOS POUR GUETTER UN CRAYON À LA MAIN
MAIS MON DOS EST SUR LA TERRE ET MA FACE EST AU CIEL
IL Y A DES GENS QUI ONT CHAUD SUR LA ROUTE QUI MONTE
JE VOIS AUSSI PASSER ENTRE LES DEUX MONDES QUELQUES FUTURITÉS
MAIS DES CRIS SONT VENUS TOUT GÂTER MON BEAU TEMPS
DOIS-JE RESTER AVEC MON DOS OU BIEN AVEC MA FACE

VOILÀ IL EST ARRIVÉ UNE CHOSE EXTRAORDINAIRE
INSTANTANÉMENT TOUS LES ARBRES LES VOLETS DE LA
PETITE MAISON SONT DEVENUS PLUS JOYEUX QUE JAMAIS
ILS NE FINISSAIENT NI EN LARGEUR NI EN HAU-
TEUR NI EN PROFONDEUR PUIS ILS SE SONT MIS À TOUR-
NOYER ET ILS M'ONT PRIS ET M'ONT LANCÉ DANS LA JOIE
VERTE ROTATIVE OÙ JE DEVINS AMOUREUX DU CENTRE
IL N'Y AVAIT PLUS DE CIEL PUIS LES VOLETS REDE-
VINRENT DES PLANCHES DE BOIS AU SERVICE DE LA
MAISON LES ARBRES FURENT DE NOUVEAU DES SAPINS
ET DES CHÊNES PEUT-ÊTRE UN PEU LAS COMME IL
ARRIVE AUX GENS LES LENDEMAINS DE FÊTES LE CIEL
SANS RANCUNE ÉTAIT AU-DESSUS D'EUX ET JE ME SUIS
RETROUVÉ ASSIS EN FACE DÈS QUE DISPARUT LA ROBE
D'UN ROUGE SURHUMAIN

À LA CRÈME FROMAGE À LA CRÈME
ET LA TOUTE PETITE FILLE À CÔTÉ DE MOI
S'AMUSE À FAIRE DES COURONNES DE
FEUILLAGES

Et ne s'aperçoit pas qu'elle est entrée toute en
vie dans mon poème

Il y a des courbes qui tendent les bras en passant
Il y a des bras tendus que personne ne voit
C'était deux désirs qui s'étaient donné rendez-
vous
Mais qui leur avait dit qu'il était l'heure de
partir
Qu'importe si le temps était habillé comme un
gueux
Puisqu'un désir a toujours du soleil au moins pour
deux
Et puis je ne me rappelle plus rien

Quelque chose est resté assis au soleil et n'y
pense plus
Ceux qui se croisent ne se rencontrent pas
Et d'ailleurs il y avait entre eux toute la
longueur d'une ombre
Cela s'est fait en plein soleil et nul ne s'en
souviendra
Mais on ne sait pas si l'ombre sépare ou réunit
Croyez-vous que la couleur de la robe y soit
pour quelque chose

Je voudrais être noir pour savoir mieux aimer
le soleil
Prendre est l'hymne quotidien du mâle
Et je vois toute la nature en érection du matin
jusqu'au soir
Tout veut sous le ciel bleu
Et cette ronde de virilité est véritablement
admirable

JE M'ABÎME EN LA CONTEMPLATION DU MÂLE ÉJACULATEUR
DE VIE
JE DIS QUE LE MONDE ENTIER EST MÂLE
LA FEMELLE VIENT DU MÂLE ET RETOURNE AU MÂLE
COMME L'EAU DE LA TERRE QUI VIENT DU CIEL RETOURNE
AU CIEL
LE MÂLE N'A FAIT QUE PRÊTER LA FEMELLE IL LA REPREND
Ô SEXE SYNTHÉTIQUE
NOUS TE DEVONS BIEN UN CULTE
NOUS QUI VOYONS ÉTALÉ AU GRAND SOLEIL LE BEAU
MONDE QUE TU CONTENAIS
NOUS POÈTES DE CET ÂGE RICHE
QUI REPRENONS CONSCIENCE DE TOUTE TA BEAUTÉ
IMAGINÉE
NOUS DIRONS CE QU'IL FAUT DIRE

CELA POURRAIT ÊTRE UN GRAND MANTEAU BLEU UNI
DONT LE BAS EST ENRICHI D'UNE BRODERIE VERTE
EN RELIEF
JE SUIS MOI AUSSI BRODÉ SUR LE BAS DU MANTEAU
C'EST LÀ QUE JE PASSE MES JOURS À TISSER DES
POÈMES
OÙ JE ME BRODERAI EN GRANDEUR NATURELLE

TOUTE LA LUMIÈRE DU CIEL EST AUJOURD'HUI SUR LA TERRE
LES NOTES QUI MONTENT AUJOURD'HUI NE REDESCENDRONT JAMAIS
LES OBJETS SONT TRANSPARENTS POURTANT ON NE VOIT PAS TOUT
ET DEVANT LE CIEL UN OISEAU ATTRAPE UN MOUCHERON
FAITES SEMBLANT DE DORMIR ET LAISSEZ LA BALANÇOIRE VOUS BALANCER
J'AVAIS COMMENCÉ À COMPTER LES GRAINS DE SABLE MAIS JE N'AI PAS
CONTINUÉ IL NE FERA JAMAIS PLUS CLAIR QU'AUJOURD'HUI
IL FAIT AUSSI CLAIR SUR LA TERRE QUE DANS MON POÈME
MES VERS AUSSI SONT TRANSPARENTS MAIS ON NE VOIT PAS TOUT
PARCE QU'IL Y A DES CHOSES QUI ONT TOUJOURS QUELQUE CHOSE DEVANT
ET VOICI ENCOR CE QUI EST BIEN LE PLUS EXTRAORDINAIRE
C'EST CE QUI EST PETIT QUI CACHE TOUJOURS CE QUI EST GRAND
J'AIME CE QUE JE VOIS DERRIÈRE CE QUE JE VOIS
PLUS LE MONDE EST ÉCLAIRÉ PLUS IL EST INCOMPRÉHENSIBLE
J'AVAIS DIT QUE MON POÈME SERAIT UNE CAPITALE
PEUT-ÊTRE AU LONG DES JOURS EN FERAI-JE UN MONDE COMME L'AUTRE

GÉNIE DE TOILE HUMAINE

MA HAUTEUR

DANS

ENFIN

TE VOICI

DE SIÈCLES JE DÉSIRAIS TE VO

DE SIÈCLES JE T'INVITAIS A MON

DEPUIS TANT DE SIÈCLES

ET DEPUIS TANT DE SIÈCLES

...R DE PRÈS

...TER VERS MOI.

je me nourris

pur air et d...

...er je serai bientôt mon cher ciel le messag...

enfin me

DES MONDES

avoici dans le bleu où Mercure jadis rêv...

j'ascendrai jusques à descendre

grande et l'espa...

ce obéit

ON POUVAIT VOIR MAIS SES YEUX N'ONT PAS VU
TOUS YEUX NE FONT PÉCHÉ DE GOURMANDISE
DE TOUT CE QU'IL LUI FAUT IL EST POURVU
POUR ÊTRE AIMÉ DONC IL FAUT QU'IL LE DISE
C'EST TOUJOURS TROP PETIT ENTRE LES MURS
MAIS LA BEAUTÉ PASSE PAR LA FENÊTRE
ELLE SE VEUT EN SURFACES D'AZURS
COMME BOUCHON SUR L'EAU L'AMOUR VEUT NAÎTRE
À TOUT ÉTAGE OR IL EST D'UN CÔTÉ
MÂLE DRESSÉ QUI VEUT PRENDRE ET DE L'AUTRE
SIGNE DE CROIX ET DÉSIR A SAUTÉ
MADAME MON HABIT N'EST PAS LE VÔTRE
SUR LA FORCE ÉRIGÉE IL Y AVAIT
UN GRAND CAPUCHON BLEU TOMBÉ DES NUES
VIE EST-ELLE TABLEAU PEUT-ÊTRE AVE
PHALLUS EN EST ENCORE AUX FEMMES NUES

L'ÉTÉ ENTRE PAR LA FENÊTRE ET MET LA CHAMBRE DEHORS
PARCE QUE L'ÉTÉ N'AIME PAS LES MAISONS
ET PUIS LES YEUX QUI REGARDENT FONT DE BEAUX
                              DESSINS GÉOMÉTRIQUES
COMME ON EN VOIT REPRÉSENTÉS SUR LES TABLEAUX
                              D'OPTIQUE
MAIS LES YEUX QUI REGARDENT NE PENSENT PAS AUX
                              DESSINS QU'ILS FONT
ET LES CHOSES AIMENT À ÊTRE REGARDÉES PAR DES
              YEUX QUI LES VOIENT POUR LA PREMIÈRE FOIS
UN ŒIL A BIEN PLUS VITE JETÉ UN PONT QU'UN INGÉNIEUR
QUE DE CHARGES DE JOIE PEUVENT PASSER SUR CES PONTS
IL Y AVAIT DES JARDINS DES TOITS ET BIEN D'AUTRES
                              CHOSES ENCORE
MAIS LE REGARD EST VENU ET A REMPORTÉ TOUT CE
                              QU'IL A PU

JE ME DEMANDE OÙ LES REGARDS PEUVENT METTRE
                    TOUT CE QU'ILS EMPORTENT

IL FAIT BEAU À PERTE DE VUE DEHORS ET DEDANS J'ÉJACULERAI UN POÈME MÂLE
CE SERAIT TRÈS BEAU À PEINDRE MAIS ON ARRIVERAIT TROP VITE AU BORD DU CADRE
LA JOIE DE L'UN EST FAITE DE LA JOIE DE L'AUTRE QUI RAIDIE S'ÉRIGE VERTICALEMENT
LES GENS EN BAS DANS LE JARDIN S'OCCUPENT À FROTTER DES MOTS QUI NE FONT PAS DE LUMIÈRE
C'EST POURQUOI ILS NE VOIENT PAS LA JOIE VERTICALE SERRÉE AMOUREUSEMENT ENTRE DEUX MAINS
AU-DESSUS ARMOIRE TABLE PLANCHER OU PLAFOND LES OBJETS NE SIGNIFIENT PLUS RIEN
QUELLE HEURE EST-IL QU'IMPORTE PUISQU'IL EST ÉTERNELLEMENT DOUCEUR OVALE LISSE
KRRIC KRRAC KRROC KRRIC TOC TOC TIC BRRIC LA TERRE A DÉJÀ DISPARU IL NE RESTE QUE
L'UN ET L'AUTRE

HISSE LISSE TA PEAU LISSE GLISSE IL FAUT DES MOTS SOUPLES COMME DES CHATS KRROC LISSE
QUINZE CENTIMÈTRES OU QUINZE KILOMÈTRES LA FORME ET LA COULEUR SONT À UNE AUTRE PAGE
C'EST DE LA JOIE QUI NE VEUT PAS SERVIR À AUTRE CHOSE QU'À ÊTRE DE LA JOIE
ET SI LA CHAMBRE EST TROP PETITE LA MAISON SAUTERA IL FAUT LA PRENDRE
À PLEINES MAINS ET LES MAINS NE SUFFISENT PAS IL FAUT LA PRENDRE À PLEINES DENTS
LES TÊTES DES POÈTES SONT LES LANTERNES VÉNITIENNES QUI ILLUMINENT LE MONDE
L'EXPLOSION S'EST PRODUITE LE PRÉSENT A ÉTÉ PROJETÉ DANS LE PASSÉ PERSONNE N'A RIEN VU
MAIS J'ÉTAIS DE L'AUTRE CÔTÉ JE L'AI ARRÊTÉ AU PASSAGE POUR LE LANCER DANS L'AVENIR
JE SUIS HEUREUX COMME UNE VOILE AU VENT

73

ET PUIS IL Y A DES MOMENTS OÙ L'ON N'OSE PAS
BOUGER
PARCE QU'ON A PEUR DE FAIRE PEUR À QUELQUE
CHOSE
ON FERME LES YEUX POUR QUE LE TEMPS NE PASSE
PAS
ON EST UN TOUT PETIT ENFANT QUI S'ENDORT SUR
SA MÈRE
AVEC LE BOUT DU SEIN DANS LA BOUCHE

ET JE SUIS MAINTENANT PLUS LÉGER DE TOUTES LES
RICHESSES QUE MES YEUX M'ONT DONNÉES
J'AI DÉCOUVERT MOI AUSSI DENIS PAPIN QUELQUE CHOSE
COMME TA VAPEUR
MAIS MA VAPEUR A PLUS DE FORCE QUE LA TIENNE
ET QUI SAIT CE QUE TRAÎNERA LA LOCOMOTIVE QU'ELLE
VA METTRE EN MARCHE
MAIS JE N'AI PEUT-ÊTRE PAS ENCORE INVENTÉ LA
LOCOMOTIVE
ET PUIS IL Y A ENCORE AUTRE CHOSE
J'AI BIEN REGARDÉ PARTOUT ET JE N'AI TROUVÉ NI LE
BLANC NI LE NOIR
CE SONT LES HOMMES QUI LES ONT INVENTÉS POUR
ENCADRER LE MONDE QU'ILS ONT CRÉÉ
Ô MONDE DEPUIS TANT DE JOURS QUE NOUS VIVONS
ENSEMBLE
NE COMMENCES-TU PAS À PENSER QUE JE SUIS TON AMI
JE VOUDRAIS TANT QUE TU ME DISES TU

ILS SONT PASSÉS CEUX-CI ET BIEN D'AUTRES AVEC TOUS
CEUX QU'ON N'A PAS VUS
ON S'ASSIED TOUJOURS À LA MÊME PLACE ET L'ON
S'APERÇOIT QU'ON EST AU-DELÀ
IL Y A DES CHOSES QUI SEMBLENT BRUIRE QUELQUE
PART

Elles rappellent quelque chose qui fut aimé
Mais on est passé c'était avant
On a vu tant de choses sur la Terre dans le Ciel
et Ailleurs
Le regard est encore entré par la fenêtre
Il a sans doute emporté beaucoup mais il n'a pas
tout pris
Et quand le regard aura tout emporté
Le monde sera grand comme l'imagination
Et c'est alors que les choses n'ont plus de nom
Les noms sont des carcans qui renferment les
choses
Et dans ce monde-là les choses vont en liberté
Il n'y a ni la gauche ni la droite et pas plus de
haut que de bas
On croit parfois entendre une poule chanter
Ce n'est qu'un souvenir qui chante dans la lumière
puisqu'il n'y a pas de poule
Et puis la lumière est comme un sentiment
Et comment faut-il parler des choses qui n'ont
pas de nom
Jadis c'était une forme qui avait des yeux et
des lèvres
Et des jambes pour venir et pour repartir
Mais il n'y a pas de départs il n'y a que des
arrivées
Et cela se passait de l'autre côté
Quand les nuits étaient un corps de femme
Et bien souvent le ciel était en loques
Mais de ce côté-ci tout ce qui est est éternel
La lumière arrive et l'on entre avec elle
Et l'on apprend l'éternité par cœur

Poèmes à l'autre moi

PREMIER POÈME

En signes humains je dirai
Moi qu'on représente à volonté par Pierre Albert-Birot
Et qui suis en train de vivre plus de dix-neuf siècles
                                        après le Crucifié
Plus de cinq mille ou cinq cent mille ans peut-être
                    après la mort des premiers yeux sur la Terre
Dans Paris qui vit avec moi et me donne l'élan de ses
                    mille rues et de ses millions d'habitants
Moi qui n'ai pas été moi avant d'être et qui ne serai pas
                                        moi après
Moi tandis que je suis assis et que je parle un langage
                    et une langue qui peut me ressembler
Je me hâte de me prendre et de me dire mot à mot à
                                        l'autre moi
En faisant le grand tour par les autres hommes qui
                                vont et viennent
Voyage lent qui va du monde éclairé au monde qui
                                        éclaire
Toi lui et tous ils sont un chacun comme moi-même
J'ai cru j'ai cru peut-être à cette solitude sans droite ni
                                        gauche
Je n'avais pas aperçu l'autre moi que j'enveloppe ou
                                bien qui m'enveloppe
Cet autre moi qui fait de moi nous de face de profil et
                                        de dos

Mais cet autre moi est-ce bien encor moi
Lui qui pourtant n'est pas un autre et qui est là quand
je suis seul
Et qui dit je quand je dis moi
Quand je mets ma main sur mon front est-ce ton front
que je touche
Toi qui as mes yeux et mes lèvres et que pourtant on ne
voit pas quand on me regarde
Oh oui pardon rêve-autre-moi mon cher silence-dieu tu
es plus moi que moi
Pardon d'avoir voulu te faire entrer avec moi dans les
jours qui se comptent
En Images-mères comme avant je me dirai à qui je puis
me dire
Mais sans parler de toi mon cher silence-dieu
Toi

DEUXIÈME POÈME

Je laisse mon contour à ceux qui viennent avec une
bouche et une main
Toi qui es moi soyons nous mais un violet n'est ni bleu
ni rouge
Pardon j'étais allé tendre mes mains au feu car il neige
mais je reviens
Laissons mes mains laissons la neige es-tu là mais il
neige et j'ai froid
L'avenue d'hiver toute ennuyée d'arbres sans rêve ô
pardon me voici
L'hiver est pour ceux qui ont une date de naissance
pour eux et pour moi
Mais ni pour toi ni pour nous au-delà d'image qui me
fais chaque jour une image
Où vit mon nom mais toi qui es moi tu ne sais pas le
nom que porte mon image
Sais-tu même l'image que tu me fais ô pardon je te
parle de moi de mon corps et de mon visage
Laissons la face et le profil laissons la neige mon nom
et mon image mais il faut
Que je tende au feu mes mains car j'ai froid et tu as
placé le feu à côté de l'image
Et quand je me réchauffe n'est-ce pas toi qui as mes
mains mon corps et mon visage

Ô pardon regard de mon cœur voici que j'ai maçonné
des mots autour de toi pardon
Merci de m'avoir avec toi fait passer au travers j'aime
pourtant ces mots qui m'entourent
Images qui m'empêchent de tomber ô pardon images
qui m'empêchent de sortir
Et je ne serai jamais que moi tant que je ferai une
différence entre le jour et la nuit

TROISIÈME POÈME

Si j'étais pour quelque mémoire
Pierre sculptée à la douleur
Sur un vieux tombeau sans couleur
Palais du temps ultime armoire

Serais-je obligé de pleurer
Et de rester sur cette tombe
Jusqu'à ce que ma pierre tombe
En chère poussière à leurrer

Pierre allume une cigarette
Mets un peu de poudre de riz
Sur ton âme et va dans Paris
Vers Notre-Dame de Lorette

Pierre aimé tu n'as pas d'ami
À qui donc livres-tu ton livre
Tu sais que ré ne saurait vivre
S'il ne dormait près de son mi

Je sais que ma gueule pointue
Qui voudrait être ne sait où
M'ennuie à me suivre partout
Malgré cet ennui qui la tue

Que disent mes yeux à mes yeux
Souvent ce qui n'est pas à dire
Jamais rien qui me fasse pire
Et je vis ma vie avec eux

Ces deux témoins privés d'image
Dont je suis forcé d'abuser
Qui me content sans s'amuser
Cette histoire de mon visage

Serais-je obligé de pleurer
Et de rester sur cette tombe
Jusqu'à ce que ma pierre tombe
En chère poussière à leurrer

Cette histoire de mon visage
M'avait hier bien endormi
Mais mon visage est un ami
Tout changeant comme un paysage

Et voici que j'aime aujourd'hui
Comme dans un grand paysage
À voyager sur mon visage
Avec mon amitié pour lui

Tu vois je me réconcilie
Avec moi tout entier merci
Et merci veux-je dire aussi
À la lumière qui nous lie

Et mes yeux disent à mes yeux
Quand je regarde la rosace
De ces deux maîtres de l'espace
Que ma vie est belle avec eux

QUATRIÈME POÈME

Il fait noir dans la bouche où tu n'envoies pas un mot
Il fait clair sur les lèvres où tu mets un sourire autour
                                                    des dents
Commencement qui recommence
Je voudrais commencer
J'ai des lèvres
La lumière est arrivée dans ma bouche
Leur sourire a fait fleurir les pierres
Mais on ne peut plus tourner autour de moi
Je suis comme un dessin collé sur un mur
Mon espace est parti sans moi
Peut-être avec mes lèvres
Et leur sourire
Que feront-elles du baiser qui vient
Le laisseront-elles mourir
La blancheur de ma chair
Veut que je coure après mon espace
Et que je m'unisse encore à mes lèvres
Restez avec moi
Elles et toi
Courbe et droite

CINQUIÈME POÈME

J'ai dit j'étendrai le bras et l'index et je serai au-delà de
    mon doigt
Mais au-delà c'est encore ici le numéro seul est changé
    avecque moins ou davantage
Pour faire croire et là-bas parle d'ici comme ici parle
    de là-bas belle histoire
Et pourtant le balancier fait son compte et l'on prend
    des espoirs transatlantiques
Ne serais-je donc plus au-delà des mesures que prend
    mon tailleur avec son mètre souple
Et ne puis-je donc pas m'élever plus haut que mon
    chapeau je tu il nous vous eux
Allons va t'asseoir devant la table à manger la viande
    est dans l'assiette et le pain à côté
Ciel et sucre ciel quotidien du ventre ciel au poids
    qu'on prend à la cuiller
Non couche-toi sur le dos comme un dormeur des
    champs la terre amie prendra ton poids
Tu n'auras plus d'années ni de contours ni haut ni bas
    ni oui ni non ni cœur ni visage
Alors toi qui as dit parfois jamais pour un instant te
    voici dans toujours l'immobile
Les jours allongent merci je vous les donne avec leur
    printemps ce cher porteur d'images

La lumière n'a pas besoin de lumière où sont les mains
où sont les lèvres
Bons souvenirs d'avant toujours où sont les yeux
créateurs de la Terre au Soleil
Le silence a peur des lèvres enrichies de mots le silence
n'est jamais las du silence
Ni dos ni face ni avant ni après voici et la lumière n'a
pas besoin de lumière

SIXIÈME POÈME

C'est comme un primitif nonchalant qui rêve et l'on
va dans les ors qui restent
L'Ange est toujours là mais on ne peut plus lui
prendre la main avec les mains non
Et non ce tombeau s'ouvre et vous invite à tomber
dans ses profondeurs ange ange
Tout l'Été de jadis a jailli de ton oui allons nous
promener dans les ors qui restent ange
J'ai peur de t'effacer en te regardant je voudrais
courir après toi je voudrais que tu coures après moi je
Mais où sont les anges l'Hiver ange des oui ange d'Été
lumière espérée de l'Hiver courbe qui tient chaud
Ce fut oui et c'est non et je suis tout droit les
moulures qui suivent tout droit le plafond
Mais il y a les angles d'où l'on ne peut plus sortir
pauvreté de la droite Été d'amour n'a pas d'angles
Mais le klaxon m'a fait sortir de l'angle où je
commençais à mourir d'un rêve d'ange
Et je vais téléphoner dire comment allez-vous et
prendre deux tasses de thé avec du sucre et du citron
Merci j'aime le thé cet ornement de l'après-midi
porcelaine de Chine jolies mains et sourires-petits-
fours
Et puis on lit l'Intran pour faire le tour du monde
avant dîner et puis on s'endort enveloppé de je serai

L'ange est toujours là avec son Été qui l'entoure mais
quand on lui tend la main on se passe au travers
Et l'on met sa main dans sa poche ou sur le bras du
fauteuil tandis que celui de l'Été joue avec l'ange
Et puis et puis on va danser la java pour se mettre du
bleu dans les jambes de ce soir-là ange cher ange
Au diable l'ange et celui de l'Été et celui des moulures
du plafond qu'on en fasse une peinture à l'huile

SEPTIÈME POÈME

Le jour heureux d'être aujourd'hui ne sait plus
qu'il a dans le dos le passé gueule qui regarde
sans bouger
Il a des murs qu'on ne traverse pas des meubles
qui ont une forme et une place il a du feu qui peut
brûler
Une fenêtre qui peut s'ouvrir et une porte par où l'on
passe et de l'ombre esclave à côté de sa lumière
La concierge n'est pas dans sa loge Marie préparez
mon bain Maurice est à la poste six heures merci déjà
Les désirs glissent et font des courbes allongées
pour se croiser sans toucher les gens qui sont assis
entre eux
À quel vers se sont-ils noués l'un à l'autre est-ce
à celui-ci ou bien au précédent ou bien au suivant
peut-être
On regarde par la fenêtre on sort par la porte et
ce jour est un autre aujourd'hui qui ne connaît
pas hier
Et les souvenirs ne bougent pas paysages sans un
souffle il était sept heures moins dix le fauteuil était
en biais près du feu
Et le bonheur de la seconde s'était étalé depuis
là jusque dans les jours suivants car le bonheur
qui arrive

Est toujours plus grand que la seconde qui le porte
graine qui germe mois de Mai il faut que la seconde
éclate
Il n'y a que l'ennui qui se plaise enfermé dans sa
seconde jusqu'à ce qu'elle meure en l'envoyant dans
une autre seconde
Mais les jours suivants sont arrivés avec une
déchirure drapeaux de guerre quelque chose sans
doute leur avait passé au travers
On s'en va quand même avec eux tant on est habitué
à s'en aller et l'on arrive à l'heure puisqu'on est forcé
d'aller droit
Dans ce couloir à sens unique qui s'allonge entre hier
et demain bonjour comment vas-tu très bien garçon
des allumettes
Et puis on ne sait plus très bien quelle heure il était
ni dans quel sens était le fauteuil ni quel futur
était présent
Le jour heureux d'être aujourd'hui ne sait plus
qu'il a dans le dos le passé gueule qui regarde
sans bouger

HUITIÈME POÈME

Je suis celui qui s'en va là-bas dans une rue appauvrie
par la pluie et peut-être que je m'en vais tout seul ou
peut-être que je traîne la rue après moi
Il semble que le passé ne me reconnaisse pas et que l'ave-
nir ne m'ait pas encor vu derrière ce n'est déjà plus
moi et devant pas encore et tu ne m'as pas reconnu
Et comme on n'atteint jamais l'horizon qui cesse d'être
l'horizon quand on le touche marcherais-je toujours
vers moi que je veux et ne m'atteindrais-je jamais
Et pourtant quelqu'un m'a dit c'est toi Pierre comment
vas-tu et je l'ai cru et j'ai tendu la main et souriant je
me suis trouvé debout au milieu de moi très bien
merci et toi
Alors tu as vu la souplesse de mes bras l'élégance de
mon regard et combien tout mon corps toujours
enamouré avait de joie à élargir la rue pour me mon-
trer aux gens
J'étais au bout de mes doigts j'étais au bord de mes
lèvres j'étais sur toute la surface de mes vêtements et
bien au-delà et je savais que c'était encor moi tout
autour de moi
Et comme un cortège on entre dans la maison entouré
de soi et l'on est dans la chambre avant que la porte
soit ouverte mais on attend pour dire bonjour que les
pieds soient entrés

Et caché au milieu de soi on assiste à la fête qu'on se
donne on y chante et l'on s'y saoule de lisse et de tou-
jours ah monsieur quel vilain temps aujourd'hui
dentelle parlée

Et l'on a une montre dans sa poche et même un calen-
drier qu'on va retrouver quand la bouche affaissée
on reviendra de l'éternité maternelle ce poème dont
se souvient le poète

Le poète qui ne veut plus mettre dans ses vers les
étoiles ces mondes lourds aux feux provisoires ni le
ciel leur prison ni les anges qui ne vivent plus que
dans les nuages des vieux tableaux

Et l'on commence avec les mains l'infini que l'on finit
avec l'esprit ce cher compagnon qui sait tout faire
jusqu'à nous-même et nous conduit partout où per-
sonne n'ira jamais

Dans ce nulle part qui est pourtant et qu'on peut même
photographier en Hiver comme en Été dans les villes
dans les campagnes dans un salon dans un jardin
sur des lèvres ou dans des yeux

Et que l'on peut offrir à soi-même et à quelques autres
dans un poème qui a l'air d'être fait de lettres assem-
blées en mots ordonnés sur du papier mais qui
prend la forme du poète et de son infini

Et c'est de toi que je parle quand j'essaie de ne pas dire
et c'est toi que je présente quand je ne représente
rien pour ceux qui sont condamnés à vivre tout plat
couchés au milieu des adjectifs

Et voici quand je mets mes mains l'une dans l'autre
c'est toi qui me serres la main et quand j'écoute mes
mots c'est toi qui places ceux qui sont toi toi infinitif
que les mots tuent

Et voici je te mets dans un livre tel peut-être qu'on ne
t'y a jamais mis et je continuerai à t'y mettre à toutes
les pages toi mon sublime moi réalité de mon image
dans la réalité du poème

NEUVIÈME POÈME

Un tout petit visage de clown fait des grimaces au
                                milieu de mon ventre
Petit clown au grain de beauté sur le front
Et quelquefois m'amuse
À regarder les grimaces que me fait
Ce tout petit visage par lequel mon corps se termine
Pauvre petit clown-nombril toujours seul en piste
Et tous les jours enfermé sous mon gilet
Tout droit est quand je l'éclaire
Que l'éblouissement et tant de solitude
Lui fassent faire des grimaces
Qui sait même à certains jours endimanchées
De petite mélancolie
Mon pauvre petit clown
Ris
Je t'aime et suis tout entier avec toi
Quand tu as sur le nez
Mes vêtements bien boutonnés
Je te vois au travers
Et je te plains
Mais pour que je s'en puisse aller
Il faut que clown soit dessous
Petit visage de la fin
C'est ton destin
Et je te plains

Mais tu sais bien qu'aux heures de soleil
Dès que nous sommes seuls avec la lumière
Je m'empresse de te montrer le zénith
Et passons ainsi tous les deux
À visage découvert
Soit face à face
Soit face au bleu de l'espace
Des existences planées
Car à contempler ton petit visage au milieu de mon
                                                  ventre
Des grimaces que tu me fais je ris
Et prends autant d'espace
Qu'à regarder le ciel
Cher petit clown

DIXIÈME POÈME

Mon regard m'étale sur tout ce que je regarde
Il y a de moi sur tout ce que j'ai vu
Et chaque chose vue m'a donné de soi
Don au donateur
Universelle générosité
Coït à double face
Villes et paysages qui m'avez possédé
Villes et paysages que moi j'ai possédés
Fêtes des possessions
Villes et paysages
Que de pierres d'arbres et de cieux
Que de gens
M'ont fécondé
Tandis que je les animais
Le monde entier vit de nos regards et de nous-mêmes
Les murs naissent quand nous les regardons
Et même le chant de l'oiseau que nous écoutons
Est né quand nous l'avons écouté
Et voilà que nous ne sommes nous-mêmes
Que par eux
Comme ils ne sont mur et chant
Que par nous
Ah vieilles pierres de notre vieux monde
Grouillement d'âmes qui m'écœure
Sachez bien que mon amour dégoûté

Est pour avant
Non pour après
Vieilles putains je suis trop beau pour vous
Agrippeuses de jeunesse
Prometteuses pointues d'idéal défoncé
Je n'irai point vous donner mes couleurs
Pour que vous me donniez votre gris
Et votre hier barré de non
Tandis que Toi je te dis oui
Et tu me réponds oui

ONZIÈME POÈME

Souvenir et présent balance-Toi de Toi à Toi dans le silence de tes regrets emmitouflés à qui demanderas-tu où tu es mais pourquoi demanderais-je où je suis il n'y a pas de regard entre moi et moi et l'on me dit vous êtes là quand je suis là tictactic - tac tic - tactic - tac l'espérance est toute nue sur le carreau prêtez-lui donc mon pyjama tic-tac-tic-tac étendez-la sur mon lit je reviens je reviens j'ai oublié mes ailes chez mon coiffeur monsieur vos ailes se sont envolées tout à l'heure hep hep ailes ailes mes ailes attendez-moi

DOUZIÈME POÈME

Je ne savais pas et j'ai voulu savoir et j'ai dit je vais me
mettre face à face
Et j'ai mis au bout de mon désir mes yeux et mes doigts
chercheurs de secret
Et j'ai écarté la droite et la gauche pour pouvoir
enfoncer ma jeunesse au milieu
Et le secret était heureux d'être pris par mon œil et
touché par mes doigts
Était-ce le jour était-ce la nuit peut-être le jour
m'attend toujours dans ce que je vais savoir
Nos désirs sont les libérateurs du jour enfermé dans
l'inconnu que contient chaque jour
Et dans la joie de la vie il nous suffit pour vivre de
voler de la vie et d'en donner voici
Mais on n'a pas l'air d'en voler avec les yeux avec les
mains qui ne prennent que ceci ou cela
Une forme une couleur une ombre une lumière
enroulements de pourquoi et de parce que
Qui nous conduisent d'hier à demain jeu
de la farandole serpentine qui court de l'entrée
à la sortie
Et enfoncée au milieu entre la droite et la gauche
ma jeunesse est bien en vie
mais les deux lignes

Sont amoureuses l'une de l'autre et ma jeunesse
en course va se faire étrangler
au sommet de l'angle
Mais non ma jeunesse en course est passée
elle a ri et pour elle la droite
s'est disjointe de la gauche
Et malgré ce qu'elle sait ma jeunesse est ici
avec toutes ses mélodies et ses curiosités
Gracieuses ondulations qui l'emportent à travers
des atmosphères de lisses harmonies
Et j'aime regarder ma jeunesse qui fait ah devant
la flamme et qui fait encor ah devant elle

TREIZIÈME POÈME

Heu heu heu ha et puis des mots qui ont l'air d'être
quelqu'un
Le verbe lui le tout et le toujours
Aime et se prête à la personne
Elle aime
Rues maisons villes ciel le verbe a tout donné
La personne marche dans les villes et regarde le ciel
Ma maison mon visage les arbres lui et vous
Le premier jour et le dernier
La personne enfermée dans les petits carrés du temps
Prend garde aux voitures soigne ses mains et fait des
enfants
Paul aime sa mère
Mon père est à Paris
Il reviendra demain
Sans la bonté du verbe nous restions à l'infinitif
Ce merveilleux tout et toujours
Qui ne connaît personne
Pourtant mieux vaut l'ennui de naître et de mourir
Puisqu'on fait lever le soleil en disant il fait jour

QUATORZIÈME POÈME

Archange me voici ô que c'est beau chez toi
Mais de quel infini parles-tu donc
Je suis le mangeur de pain et de viande
Fils de mon père et père de mon fils
Et tous ceux d'avant et tous ceux d'après
Sont avec moi dans les signes-esprits
Que je trace de ma main
Et nous voici tous sur du papier
Et nous irons tous au feu
Ou à l'égout
Mais les oiseaux sont arrivés
Ces images des anges
Et comme eux je m'élance
Dans un beau oui tout grand ouvert
Et me voici au-delà du nom de ma chair
Que j'ai laissée enfouie dans une maison de pierre
Mais voici que maison et pierre et mon nom
Sont des mots qui n'ont un cœur que pour ceux qui ont
des lèvres
Et pourtant ma chair avec son stylo à la main et ses
yeux gourmands
M'a dit qu'elle pense encore à moi
Et voudrait me faire ami
Elle me dit que la pierre est lourde et que la flamme est
belle

Et que je me suis trompé
Tout est lisse et je glisse dans du Printemps
Mais qui sait si je ne regrette pas le poids qui résiste
Et le feu qui brûle

QUINZIÈME POÈME

Démon des mains parfait visage de matin démon des
mains j'ai regardé
Des mains qui n'étaient pas les miennes
Et un visage qui n'était pas le mien
Et j'ai mis dans le jour un autre jour
Dans le soir un matin
Afin que ma volonté soit faite dans ce matin
Qui n'a jamais été comme je l'ai fait
Ni le visage ni les mains
Pardonne-moi soir qui vivais avec moi
De t'avoir éclairé d'un matin
Tu avais la beauté de chaque instant du temps
Mais j'avais besoin de m'agrandir
Et de m'en aller dans la lumière
Avec quatre mains et deux visages
Et pourtant je n'avais que mes deux mains
Et qu'un visage qui était le mien
Dans le soir éclairé d'un matin
Et la nuit aimablement m'a demandé
Si le soir avait été beau
Et je n'ai pas osé répondre à la nuit
Et je me suis endormi
Suis-je éveillé à présent je ne sais
Et pourtant mon cher moi
Il me semble que je te dis la vérité

J'ai mis dans le jour un autre jour
Dans le soir un matin
Afin que ma volonté soit faite

SEIZIÈME POÈME

Je voudrais m'en al-ler sans moi a-dieu moi je ne t'ai-

me pas au-jour-d'hui si tu me suis que veux-tu   toi

moi viens va-t-en non je t'aime va- t-en   je veux

jus- qu'à de-main   au moins me   sé-   pa-rer de je

DIX-SEPTIÈME POÈME

Le temps du mauvais temps est avec nous
Temps bossu fait en grimaces et tout à griffes et longues
hurles
L'hiver à grande goule qui nous avale
Stupide boule au trou
Que faire dans l'estomac de l'hiver
Où ne fleurissent pas les massifs d'héliotropes
Toi mon clair autre moi qui ne te laisses pas avaler
Envoie un peu d'été dans l'hiver
Afin de m'annoncer le printemps
Couche-moi
Berce-moi sur le passé mou velouté
Où je croirai entendre voir et prendre
Tout ce que tu m'as promis
Ou peut-être tout ce que je me suis promis
Ou tout ce que tu m'as donné
Ou tout ce que j'ai pris
Dans le temps blond où l'on croit
Tout ce que l'on dit
Décalcomanie

DIX-HUITIÈME POÈME

L'é-ten-due ai-me et se don-ne au bal-con qui la

prend et le bal-con est en ex-ta- -se de-vant son

é- ten-due et c'est bien moi qui suis là-haut tout

en-rou- -lé dans l'o-deur de ta peau c'est ma jeu-

nes---se qui pas se sous l'é-qua- teur c'est ma

jeu - nes-se dans l'es - pace et c'est moi que

je re-gar - de dans le mi - roir de ma mé- moi

re ai - ma-ble ar - moi - re à gla-ce

DIX-NEUVIÈME POÈME

Et puis cela pourrait être et peut-être sera ou peut-être
ne sera pas
Et puis on dirait qu'on diminue sous le poids
de la douleur massive
Qui déjà pèse avant d'être enferme ton cœur humain
c'est l'avenir
Qui fait explosion dès aujourd'hui parmi les choses
qui remuent
Pourtant tu entends des gens et des voitures et tu te
mets de l'encre au doigt
Et tu ne sais plus tu ne sais plus si cette encre est
de l'encre ou un souvenir
Tachant cet éclat d'avenir qui se met sous le doigt dès
ce présent
Mais j'ai dit qu'il est beau le temps où l'avenir n'est
qu'un présent qui viendra
C'est bien de l'encre que j'ai au doigt aujourd'hui
n'est pas ce qui sera
Je suis encore entouré de moi-même largement
déployé dans mon jour
Et je marche dans les rues bordées d'étalages fêtant
ceux qui passent
Et dans Paris je vais bien peigné avec le dessin pur
que mon tailleur m'a fait

Je suis une géométrie qui marche avec beaucoup
d'amour à l'intérieur
J'aime la ligne de mon veston et l'ordre de mes
cheveux et j'aime les boutiques
Et tous ceux qui vont sur le trottoir je les aime aussi
tandis que je les croise
Heureux d'être dans ce qui est j'ai l'esprit tout satiné
quand je marche dans les rues

VINGTIÈME POÈME

Toi qui me conserves vivant tout ce que les jours me
tuent voici pour toi
C'est un monde qu'un Printemps m'avait offert et que
j'avais accepté le voici
Garde-le-moi tel que je l'ai reçu avec sa lumière son
ange et tout ce que j'ai cru
J'y laisse même la place où je me suis assis et j'y laisse
même un sourire prends-le
Prends-le car il n'existe plus et je dirais bientôt qu'il
n'a pas existé prends-le
Je rirais de mon sourire de sa lumière et de son ange et
de tout ce que j'ai cru
Le Printemps s'était moqué de moi tout est encore et
tout s'en va bête bête et quotidien
On me dit encor bonjour monsieur comment vous
portez-vous et mes vieux habits sont usés
Garde-le-moi tel que je l'ai reçu je viendrai le voir de
loin quand je n'y croirai plus
Ou bien quand je ne rirai plus d'y avoir cru ou que je
croirai n'en pas avoir souri
Peut-être le reconnaîtrai-je comme si je l'avais connu
peut-être garde-le bien
Tandis que je continue à traverser le petit aujourd'hui
pour m'ébahir du grand demain

Mais que t'ai-je donc donné là ce Printemps ne m'avait
rien offert et je t'ai menti
Non mais laisse-moi jusqu'à demain ce qu'il m'avait
donné ne le prends pas encor
C'était un monde que jeunesse m'avait offert et que
j'avais accepté le voici
Garde-le-moi tel que je l'ai reçu avec sa lumière et son
ange et ne m'en parle plus

VINGT ET UNIÈME POÈME

Ne sais quels étaient pour les yeux et les oreilles
les dits de votre visage et de votre voix
Mille ans c'est tant pour un visage ô pardon de vous
parler d'années hiers ou demains
Je suis encor fait d'ombre et de lumière et quand
je dis comment vas-tu je tends la main
Toi qui as chanté de saint Ledgier et toi de
saint Alexis douces lumières
poètes des pauvres Saints
Bons façonniers inconnus de ma langue tandis que
Paris s'envieillit à force de pluie et de boue
Je m'approche et je demande à mon grand moi lui
qui vous connaît bien qu'il vous appelle
Et qu'il vous dise voici c'en est un vous pouvez
être avec nous douces lumières
poètes des pauvres Saints
Mes chants ne sont pas faits pour vivre avec le peuple
dans l'air pieux des porches où vivaient les vôtres
Les églises sont vieilles et noircies et le silence
qui est sous le porche a même
chassé les mendiants
Mes chants sont pour la Terre entière ou peut-être
seulement pour vous tous
les poètes morts

114

Qui les chantez quand je les fais et pour dix cœurs
vivants qui s'en viennent
pour vivre un peu d'eux
Jusque dans le livre-tombeau où je dois les enclore
puisque claire mémoire
ne les prend en elle
Voyez ci puis là puis là comme j'ai pris le monde
à pleins mots ai-je mis dans
mes vers la vie en vie
Frères si jeunes me voici avec tout le savoir
enroulé de l'aînesse ferais-je mal
à votre bleue naïveté
Non si j'avais été vous j'aurais mis en poèmes de vitraux
ce saint Ledgier et ce
saint Alexis et Marie
Et seriez peut-être maintenant celui qui vous appelle
et me diriez viens avec nous
poète des pauvres Saints

VINGT-DEUXIÈME POÈME

M'épée disaient vos chevaliers ma sainte amour au
service chrétien
Homme et cheval d'un seul morceau pas de visage
des franges et de l'acier
Rollanz Veillantif et Durandal Dieu et Charlemagne et
Raous et Berniers
Armures cris soleil boue et sang la mort éblouissante
sait éblouir la vie
Poètes des temps d'épée je me plais parmi vos vers
et pourtant mon poing est petit
Mais ils sont si bien peints vos chevaliers avec l'âme
qui rôde sous l'armure
Et l'on voit si bien leur destrier courir et leur terrible
bras se lever et s'abattre
Et l'on entend si bien le bruit des coups et la chute de
l'autre à l'elme déflori
Que la peinture me fait aimer ce qui est peint poètes
des chevaliers-soleil
Venez avec moi vous aussi dans mon livre où l'on voit
souvent les choses des yeux
Comme dans les vôtres que nous faisons d'éternité
à force de contours et mystérieuses
À force de vérité trouvez ci votre aise y garderons
notre jeunesse jusqu'au poète suivant

Qui la recevra dans le sien comme je vous reçois dans
la mienne vous et ceux qui sont de nous
En haut dans les autres langages du monde
et qui ne seraient pas
si nous écoutions nos oreilles
Est-ce nous est-ce un nombre de l'unité pluriel image
du singulier il ne faut pas mettre et
Entre vous et moi et pourtant je ne sais point parler
de nous sans mettre ce mot d'union qui sépare

VINGT-TROISIÈME POÈME

De mon encre je veux écrire encor Marie l'albe
imagière qui peut-être eut des yeux doux des yeux
en fleurs des yeux très loin je te salue Marie
Et toi Charles fin prince de France seigneur
de poésie entre aussi dans ce livre à couronne
où il fait clair et bleu à presque toutes les pages filles
de ma lumière enfermée
Et toi François feu de vie et vin de verbe je te prie
entre aussi dans mon écriture graissée d'humain
comme ajourée d'au-delà pour que l'ange puisse
entrer et sortir
Toi qui fus de fée en même temps que de heaumières
si tu étais regard de mon jour peut-être que nos mains
et nos bouches ne se tutoieraient pas je sais
Ne suis monstre guère ailleurs qu'en rêve
et ne vais outre qu'à l'envolée outre étant pour moi là
mais non pas dedans le tous les jours ce tant aimé
cul-de-sac
Où démesuré se mesure où perdu se retrouve et de
bien lourde compagnie te serait ma clarté de faits
et de faux-col et puis moi j'aurais souci
de ta peau sale
Mais qu'importe ta gueule et qu'importe la mienne
c'est de vrai qu'il s'agit entre nous amour d'un moi
pour un moi nos poèmes eux de bon cœur se tutoient

Et pourtant pas plus que nous ils n'ont même
démarche et même nourriture les tiens sont tout
grouillants de la Mort qu'il t'a plu mettre vivante
en eux
De la Mort en peau flasque en charogne qui sent
de la Mort en os et puis en poudre de la Mort
infatigable qui toute la vie nous jette à pleines pelles
sur le tas
Les tiens sont aussi tant nourris de pauvreté
dormeuse des jours pisseux qui crèvent dans les coins
tandis qu'au beau milieu jeunesse jeune passe
au soleil
Dans les miens pauvreté n'entre pas quoique n'aie
chambres à tapis et mort immortelle n'est reçue
en costume de travail ou vieillement déguisée
en squelette
Mais pardon toi pardon moi je trouble l'amitié
de nos poèmes en leur parlant de nous comme si nous
étions encore à eux et comme si François ou Pierre ils
étaient encore à nous
Parce que rangées de lettres noires ils ont l'air d'être
immobiles dans un livre commençant par notre nom
sont-ils notre portrait ou sommes-nous que la peinture
Ce sont eux qui sont vivants et ces êtres faits de verbe
sont meurtris quand on veut les prendre avec filet
de mots pour les tenir de près et leur demander
que dis-tu
Adieu poètes j'ai trop tourné pensée de vous elle me
conduirait à prendre nos poèmes avec les mains
comme mamelles en temps de chair comme emmâlée
gaude mihi
En livre que voudrais parfaire je mettrai ce moi
animé lettre à lettre souffle de souffle Fils de Père
pour l'offrir à ceux d'amour comme à ceux
qui le mettront en croix

VINGT-QUATRIÈME POÈME

Pourtant il y a encore autre chose
Ce qui est là n'est jamais ce qui est
On n'a jamais peint la forêt avec toutes ses branches
Et je suis bien plus touffu qu'une forêt
Le bruit m'avait roulé dans tous les sens
Mais quand il n'est resté que le silence
Je me suis jeté sur moi et j'ai dit
Quel est ce bruit
Il y a encore autre chose
Et j'ai lancé mon filet à images
Mais il faisait nuit
Je ne me suis pas pris
Était-ce hier ou demain
J'ai peut-être dormi sur moi
Et voici que je suis devenu un dessin d'ornement
Volutes sentimentales
Enroulement des spirales
Surface organisée en noir et blanc
Et pourtant je viens de m'entendre respirer
Est-ce bien un dessin
Est-ce bien moi
Mais il y a encore autre chose
Et j'ai encor menti
J'étais caché sous ces rinceaux

Et je suis encor parti
Pierre Pierre n'aie pas peur
C'est moi

VINGT-CINQUIÈME POÈME

Bête me veut bête me prend
Bête je suis bête jolie
Bête à peau blanche et non velue
Bête allongée et prête au bond
De muscles durs toute sculptée
De force en boule qui fait feu
Lui faut de chair apaiser dents
Brodeuses d'amour en morsure
Lui faut d'élans à pleine chair
Assouvir ses muscles d'étreintes
Et faut que chair à chair s'enroule
Et que gorge étranglè des cris
Que peau déchire et que sang perle
Et faut que joie aille à douleur
Bête me veut bête me prenne
Et que bête s'écroule en heur

VINGT-SIXIÈME POÈME

Nous sommes je suis dans le beau temps si généreux
qui me fait aussi grand que lui
Il m'apprend l'immobilité à moi qui suis en lui
comme jaune en vert comme amour dans le verbe
aimer
Et nous voici dans l'équilibre qui n'a ni veille
ni lendemain rien que de la lumière
et moi nous
Et nous rêvons mon corps et son paysage
avec ses couleurs ses formes ses parfums ses fruits
et son espace
Et nous créons ma chair et mon visage et pour mes
yeux des arbres la mer le ciel l'horizon et des yeux
Et de l'air pour respirer comme si j'étais Untel
homme né d'homme et marchant bas de là jusque là
sur le sol
Et nous sommes heureux toi et moi de ce que nous
avons fait image de notre image par tendresse pour
notre rêve
Et les arbres seigneurs du paysage nous remercient
de leur avoir donné le Ciel et la Terre et le silence
et l'Été
Et mes yeux nous remercient de leur avoir donné
l'espace pour le bonheur des formes qui vivent de leur
amitié

Et mon bras porte ma main vers une fleur qu'elle est
heureuse de cueillir pour m'offrir un parfum qui
m'emplit de merci
Et nous sommes heureux d'avoir des mots sur les
lèvres des mots divinités des lèvres des lèvres roses
déesses des mots
Et voici que dans notre chaleur d'être nous avons
encor créé ces vers image d'équilibre qui nous
ressemble davantage
Ils ont mon corps et notre espace mais ils n'ont pas
ses limites et partout comme nulle part ils sont encore
où il n'est plus
Verbe sans visage ils sont paysage et sa lumière
chaleur sans feu homme et Dieu mystère
du mouvement dans l'immobilité
Lumière et moi voici donc achevée notre création
tendrement arrondie nous qui nous sommes créés
dans l'espace un jour d'Été
Sphérique et plein de ciel et nous retrouvons à détour
de désir notre infini dans la courbe de ce poème qui
nous recrée et continue

VINGT-SEPTIÈME POÈME

J'ai balancé ma tête dans tous les sens pour retrouver
la direction du bel instant
Et voici que je le touche de mes lèvres et que j'entre
dans ses souplesses déroulées
Je pourrais si je voulais faire avec lui un joli groupe
de photographe sourire pour papier sensible
Mais je préfère mon beau dieu-moi que tu en fasses
pour nous seuls un agrandissement
Où tout sera sans heure sans date et sans contour
dans tout l'éternellement de sa réalité née
Je te mercie ô toi mettons des mots ivres autour de
nous que ne sachent plus où nous sommes
Ceux qui ont un visage dessiné orné de rues
de paysages et d'une bouche à comment
et pourquoi
Viens faisons du bruit tapons sur nos mots-grosse-
caisse et cymbales et trombone à coulisse
Faisons la parade culbutes de maillots frais-rose avec
lumière éclairée de baisers volants
Et la montée lente des kilos en fonte lourds comme
des chagrins massifs qu'on porte à bras tendus
Dzimm boum-boum et tralala nous voilà nous voilà
dzimm boum-boum incendie musical
Les perruques sont naturelles les maillots ne sont pas
rembourrés les bouches ne sont pas à ficelles

Regarde les badauds qui nous regardent laissons-les
devant nous et passons vivre derrière eux
Notre vie à l'encre noire ou bleue et l'autre à l'encre
d'or et l'autre et l'autre qui n'est pas écrite
On ne voit pas et l'on veut prendre pour s'offrir à soi
beau vice de l'accouplement de soi à soi
Au Printemps nouveautés de la saison
Champs-Élysées Au Printemps Concorde
nouveautés Palais Royal

VINGT-HUITIÈME POÈME

Ma face est douce le matin et rugueuse le soir ma
barbe en veut à mes joues
Ô ma face ma face que ma barbe t'ennuie pique toi
qui ne voudrais vivre que douce
Douce comme une réussite ah oh eh dansons bonjour
ma face et bonjour mes yeux
Vous me parlez de cet ancien Été où vous étiez plus
face et plus bleus de me voir nu ah oh eh
Nu devant ma joie ensoleillée d'être nu tout régnant
de ses membres de sa tête et du cœur
Nu au soleil comme un arbre mes yeux vous m'avez
vu au temps des machines électriques
Douces douces mes joues douce douce ma peau
vêtement précieux que m'a donné ma mère
Douce douce
Ma peau d'enfant ma peau d'homme ma peau
d'amant vraie parure de joie que j'ai trouvée
sur moi
Ah oh eh j'aime voir vivre l'Été sur ma peau ce réel
lumineux dedans lequel peut-être vit
Ce soleil qui m'appartient et que j'offre à la saison
pâmée pour éclairer ses verdures ma peau
Douce douce
Douce douce ma peau habillée d'air ou dans l'eau
jeux jeux de l'air et de l'eau sur ma peau

Ah oh eh encore encore je suis nu dans mes yeux
malgré mes habits boutonnés et la fenêtre fermée
Sois heureuse ma bouche ah ah ah de prononcer
des paroles qui ressemblent à ma divinité
Des paroles montantes un peu comme la joie qui sort
de ma peau étalée en rêve sur l'Été
Toi ma peau toute ma vérité visible tu mets déjà de
l'âme à mes yeux à ma main à mes doigts
Partie de l'Univers harmonisée dans l'espace quand je
te vois tu me dis déjà du bien de moi
Douce douce

VINGT-NEUVIÈME POÈME

Quand du zénith je me regarde collé tout rez
à la ville où tiède vie m'a posé je dis non et pense
à autre chose
Tandis que celui de la ville fait la gueule et pense
à moi cependant qu'il se lime les ongles et dit nom
de Dieu quel sal' temps
Pauvre bougre au nez baissé Jésus du parapluie saint
Pataud de la boue retourne ton cœur l'envers vaut
peut-être mieux que l'endroit
Débrouille-toi demi-teinte ennuyeuse piétine dans ton
trou ne suis aise aujourd'hui de descendre pour toi au
cul de la nature
Je suis las de t'apprendre la vie d'âme pauvre bête
n'iras jamais plus loin que tes quatre saisons habillé
gros ou léger ou tout nu
Pars en voyage si tu peux vers des courbes d'Asie ou
d'Amérique pars tu ne sauras jamais par où passer
pour sortir de ta géographie
Et puis une table ronde comme une honnête pensée et
du pain et du vin et du sang sur l'herbe dans les
assiettes parterres à fleurs de mangerie
Et puis cela qui vient des yeux qui vient des mains
joie du long et joie du large joie de la rondeur au
poids joie du plein langage de lumière

Qui la donne vraie et poignante à notre amour de voir
et de toucher et de mettre plein nous des poignées de
vie en forme bois pierre métal ou chair
Joie de mettre en soi le monde compté par le chiffre
sans cœur à qui personne encore n'a jamais dit non
c'est ainsi certitude d'ici et bien d'équerre
La vôtre et la mienne j'ajoute et j'enlève c'est encor
trop ou pas assez et ceci qui est là je le veux ici plus
loin ou plus près orage et foudre de ma volonté
Ouvrier je le suis moi aussi charpentier maçon
sculpteur et je dresse et maçonne et sculpte
ma certitude comptée et pesée souci de mes muscles
Et je l'étreins la frappe la dompte au marteau et lui
donne autre poids autre mesure ainsi que l'avais dit
quand je l'ai d'abord regardée
Et tandis que je l'ordonne elle m'affirme que je suis
comme elle m'affirme qu'elle est et quand elle est
belle selon ma beauté voici
Je me repose devant elle certitude qui est devant moi
certitudes l'une en face de l'autre un et un encore il
faut se reprendre à compter
Alors on fait la gueule et l'on dit quel sal' temps j'ai
dix doigts je suis deux peut-être trois mon chapeau est
neuf et je n'ai pas de parapluie

TRENTIÈME POÈME

Que de dorures font chant de riche en moi
Quand vient matin
Bouquet offert à naissance
Qui me présente
Chaque jour au jour
Et que je en joie à je donne
Tu viens de naître encore
Aux fêtes du grand Oui
Prends et va
Et prends
Et met tout l'Univers en mouvement
Celui qui se frotte les yeux

TRENTE ET UNIÈME POÈME

Toi ma lumière qui me rêves quand il fait nuit
sur ma joie
Toi ma lumière que je rêve à chaque vers que ton rêve
m'envoie
Voici que toi parfait je te fais de rêve à tout faire
comme si tu n'existais pas
Pourtant je sais tu viens où et où moi je vais
mais vais-je partout vrai où toi tu vas
Voici ma peau mes muscles voici mes os articulés
pour me tourner presque à gré dans l'espace
Pour prendre et pour donner voici mon crâne
l'empire où je demeure et voici ma face
Et ceci qui me lisse et cela qui me ride ce qui est avec
moi dans mon épaisseur et ce qui va venir
Ce qui arrive est si vite fané mais ce qui viendra
m'enlace et m'entretient de courbes pour m'ajeunir
N'avais-je pas dit je me souviendrai l'idée est avec
moi toute ronde coulée dans son image
Souvenirs en morceaux sont tout droit bien veuillants
de s'en aller coucher en lignes de rimage
Que le bon souveneur couronne poésies te souvient-il
non et j'ai regret de m'être souvenu
D'hier ne veux à peine anuit pour mieux m'enlacer
aux demains du passé je me sauve nu

Hier boiteux s'en va de dos mais l'aimé foudroyant
vient de face avec des agrandissements de fête
C'est moi crois-tu et puis ceci et puis cela
te souviens-tu je ne me souviens pas que l'avenir
me vête
Malgré ma naissance et ma mort ne suis-je pas un peu
toi Grand Moi et n'es-tu pas ce qui sera
Peut-être suis-je une rature mais j'ai douceur à me
mettre en toi pour l'heure où Temps m'effacera

TRENTE-DEUXIÈME POÈME

Été d'espace œuvre de chair
Hurle de désir sort de peau
Chantant de cœur à dents me couche
Chantant de cœur à ciel me lève
Lumière au corps espace met
Corps en lumière amour se fait
Regard lui prend courbes glissantes
Que mains tant douces bien comprennent
Et claire aise m'enceint tout vif
De tout mon poids me sens léger
Veuillant premier et chef de vie
Ce qui est en face est ma face
Qui dans l'heureté de mon tout
Entre et s'étale à plein vouloir
Ne suis ici ni là corps d'âme
Mais tout et tout je poète-homme
Riche plus que Père je suis
De tout un corps et du mourir
Et richesse à gros redépense
Et m'enrichis tant plus vais large
Et souffle à souffle Mort me prend
Souffle à souffle de bouche et d'yeux
J'aspire Terre et Ciel et donne
Vie à Mort que Mort devra rendre
Accordéon sur mes genoux

Qui joue infiniment des airs
Dont miens bras dessinent les courbes
Cela cela tout l'un à l'autre
Oreille et bouche verre et vin
Femelle et mâle aurore et moi
Et sais goût des mots sur les lèvres
Sais goût du pain goût d'ère neuve
Et goût de l'or goût des trois temps
Et goût du vite et goût du là
Passer rester partir encore
Être le vent comme être l'arbre
Me plaît l'envers tant que l'endroit
Trop plus est bien m'en veux saouler
Quand tout est pris tout prendre encore
Quand tout est dit trouver le dire
Qui tout ce qui reste dira
Que sois tout quand tout s'en ira

Et puis et puis on sait le goût de soi et de tous
muscles on prend le poids qu'on porte lentement
On dit je veux au poids qui ne veut pas dans sa
matière et qui pourtant dit oui dans son désir volant
On va tout lourd du poids que l'on a sur les bras
qui nous unit de si près à la Terre notre belle jalouse
Mais le pied quand même s'est arraché de la terre
et quand terre le reprend l'autre pied s'en détache
Et l'on va en bas en bas mais on va et l'on emporte
ce que l'on porte lentement jusqu'ici jusque-là
Et nos muscles contournés de grimaces contre
l'insensibilité du poids font tout beau notre corps
en durs paquets de force
Encore encore jusqu'ici jusque-là notre je veux parfait
continue plus dur que ses muscles plus lourds
que le poids
Indesserrable réalité des bras paix des épaules
certitude des reins homme on s'est connu plus grand
que Terre

Alors on se repose et toutes lignes adoucies
on regarde le poids malgré lui porté de là jusque-là
et l'on se fait plaisir
Te voici où je te voulais c'est moi qui t'ai mis là
dans ma volonté d'abord qui sut enthousiasmer
mes muscles
Et mes muscles se sont élevés au-dessus de ton poids
je te regarde moi ton destin tout le temps que tu fus
sur mes bras
Et corps aussi on regarde œil a tendresse pour tout
ce qu'il peut voir et nous dit cette joie à bras et
jambes c'est toi
Je me mercie de trouver beau mon corps et corps
aussi je mercie et le voir me remercie regarde-moi
te voici
Je te regarde et me voici avec tous mes contours qui
me contournent pour m'offrir à l'espace qu'à l'instant
ils me donnent
Indesserrable réalité des bras paix des épaules
certitude des reins homme on s'est connu plus grand
que Terre
Alors on se repose et toutes lignes adoucies on
regarde le poids malgré lui porté de là jusque-là
et l'on se fait plaisir

Chantant de cœur à dents me couche
Chantant de cœur à ciel me lève
Lumière au corps espace met
Corps en lumière amour se fait
Regard lui prend courbes glissantes
Que mains tant douces bien comprennent

TRENTE-TROISIÈME POÈME

Quand j'ai mis ma main sur moi je t'ai trouvé quand je
t'ai parlé je t'ai vu alors ma chair d'homme
enlacée d'esprit a voulu mettre autour de toi la
chair de la lettre et maintenant d'autres hommes
vivants pourront peut-être dire je vois
À pas qui réfléchissent il va bien droitement le mar-
cheur tout couvert de pensées tête à compas il
mesure mais c'est moi qui fais la rosace et
pauvres gens passent jours à marcher et mesu-
rer et quelquefois je me surprends au milieu
d'eux comme eux pauvre homme des quatre
points
Et si je n'étais diable tant aimé d'ange je ne serais que
ce pauvre homme de vertu habitant de maison
avec famille au dos et famille au genou fleuri de
cœur enfant homme et vieillard j'aurais reçu les
printemps et les hivers sans oui sans non ci-gît
un tel
Trinité je reçois tout l'Univers dans ma solitude et tout
l'Univers me parle et quand je mets ma main
sur ma poitrine c'est tout l'Univers que je tiens
et tout l'Univers me prend saoulerie des mots-
toupies qui ronflent espérance-oiseau certitude-
cathédrale
Je dis mes forêts mes océans mes êtres mon ciel mes

mondes et voici tout cela et moi et tout avec la
couleur et la direction et le jour et l'heure et
c'est lui c'est vous bruns et blonds grands
et petits qui vous croyez encore avecque vous
quand vous êtes ma poitrine sous ma main

L'Univers c'est le pain que nous mangeons et il est
aussi sous votre main mais vous ne savez pas
que je suis votre poitrine car vous ne regardez
pas votre pain et vous restez dans votre main
vous les hommes barrés d'enterrements vous les
inventeurs de la cloche aux lents regrets

Et vous pleurez des chants noirs la couleur du néant
que vous avez fait pour fêter votre douleur ô
vous qui ne savez pas vous aimer jusqu'au diable
jusqu'à l'ange jusqu'à la vie vous qui n'êtes
qu'un chacun frôlez dans ces poèmes l'Univers
que vous êtes et l'Univers que je suis

Moi aussi j'ai fait jaillir l'eau du Rocher je le sais dans
tel poème et tel et tel autre il y a un miracle qui
s'ouvrira et se refermera sur quelqu'un comme
il s'est refermé sur moi et celui-là me retrouvera
dans ce mystère où je veille ma vie éternelle

Voici de l'éternité celui qui m'aura trouvé en aura
puisque j'en ai tout autour de moi voici je don-
nerai de l'éternel à celui qui m'aura trouvé je
donnerai mais vous n'avancerez pas les mains
vous ne remuerez pas les lèvres ce serait la
résurrection

En moi j'ai pris ce que je vous donne comme je me le
suis donné et pourtant le moi qui a n'est plus un
moi comme n'êtes plus vous quand je vous ai
donné et voici que nous ne sommes vraiment
qu'à l'instant où je me suis tant pris qu'il ne
reste plus ni moi ni vous

Et c'est donc au-delà de moi que je commence et je ne
fais que m'accompagner en marchant loin der-
rière moi homme cherchant à suivre l'ange qui

l'éclaire et fait croire que celui qui parle est
vivant tant est vivant celui celui qui va devant

Et mes miracles c'est lui qui les a faits lui qui s'en va si
loin devant et que pourtant je sens quand je
mets la main sur moi et que je vois quand je lui
parle et c'est mon corps et mon visage et c'est
ma voix et je suis celui que je suis je marche à la
fois derrière et devant autre miracle

Et pourtant il est au-delà et pourtant il me semble qu'il
habite avec moi la Ville aux cent mille maisons
qu'il traverse les rues avec moi qu'il regarde les
passants et les vitrines des libraires et même il
me semble que parfois pour m'aider il fait sem-
blant de préférer la vie à la mort

Et je sais qu'il veille quand je me repose car il n'est
jamais fatigué lui qui n'a jamais dormi lui l'éter-
nel éveillé me pense quand je dors et c'est peut-
être là qu'il s'approche le plus près et que sans
moi je me regarde le mieux mais je sais qu'il
sépare le silence du bruit

Mensonge au front du livre Poèmes à l'autre moi ils
sont de lui j'avoue et descendent sur moi mais
j'ai cru qu'ils seraient de moi tel qu'on me voit
tel qu'on me nomme et qu'ils iraient à lui
comme si la prière était dans celui qui prie et
non pas dans le Dieu que l'on veut

Me voici moi de toi en toi de moi autant que vie me
permet vivant d'aller et c'est peut-être tant je
l'aime que j'ai tout voulu et qu'elle a tout permis
et je suis passé et je suis sorti de mon nom et je
suis rentré dans mon nom et lettre à lettre ce
livre s'était écrit

TRENTE-QUATRIÈME POÈME

Saveur d'humain me fait
Comme humain m'a fait mon humain fera
Graine fruit et graine
J'ai mis mon sentiment humide sur mes lèvres
Goutte à goutte me voici
Tout moi
À l'endroit à l'envers
Du moi tout ouvert
Et retourné comme peau de lapin
Et encore et encore
Suc de oui suc de non
Joie et peine décalottées
Et dessous et dessous
Le je suis qui donne goût
Au je suis qui vit dessus
Tout moi poème
Mais vient-il jusqu'aux lèvres parlantes
Qui ne l'ont jamais vu
Ont-elles forme pour lui
Ou lèvres hélas lui font corps
Lèvres font vie de vie
Mais plus loin lèvres tuent

Ma morte

Poème sentimental

À toi
Pierre

I

Maintenant il faut que je vienne à moi
Pour faire de ma morte étendue
L'épouse qui m'avait tant épousé
Mon arc-en-ciel
Te dire «ma morte» doit suffire
À mettre du clair sur ta lèvre quand même
Le premier je fais sourire un mort
Toi morte tu ne peux rester raide
Quand je dis ma
Comme tu l'as voulu
De toute la hauteur de ta vie
Je veux refaire ton cœur
Avecque le meilleur du mien
Avecque mes regrets ouvrir tes yeux
Et toute rêve tu vas pouvoir te donner
En rayon d'âme
Et maintenant ma morte donnante je
　　　　　　　　　　　　　　　recevrai

II

Il n'est plus en moi que du soir
Ma vie est un têt sous vitrine
J'ai pris ce matin le grand noir
Qui plaît au froid de ma poitrine

Il neigeait peut-être à l'instant
Sur mon chapeau sur mon silence
C'est doux c'est bon ce faix de blanc
Tout aussi noir que ce qu'on pense

Comme ils sont tristes en tombant
Les flocons c'est de la jeunesse
Qui meurt

III

J'ai mis le cache-nez
Que tu m'avais donné
Si doux si souple et si chaud
Et j'ai dit c'est elle que je mets autour de
                                       mon cou
Tu es ma laine douce
Toi froide du dernier froid
Tu peux encor me tenir chaud
Ne serait-ce que ton souvenir
Ma pauvre Germaine
Qui est ma laine
Et que j'ai mis autour de mon cou
Ton souvenir est-ce encor toi
Le connais-tu
Te dit-il que je te mets autour de mon cou
Et que ma laine douce
Marcheur tout blanc j'ai bon chaud
Enveloppé de toi
Donne-moi donne-moi ma morte

Donne-moi la vie
Il fait grand froid
Viens ma laine
Autour de mon cou
Il neige
Et tu es morte
Et moi vivant j'écris que tu n'es plus

IV

Les jours allongent ma douce
Nous sentons notre envol
Vers le temps amical
Et pourtant je suis en deuil
Oh tout ce noir que j'habite
Je suis l'homme habillé de noir
Tout ce Pierre est en noir de toi
Mon lys
En noir sincère et non pas mondain
Ma morte le sais-tu
Hélas peut-être que tu n'en sais rien
Et quand tu étais Germaine
Je n'ai pas mis cette espérance
Dans tes images du mourir
Comme je voudrais que tu m'attendes
Toi qui ne m'attends plus
Pour t'apporter ce poème de ta mort
Et te l'entendre lire

V

Heu entends-tu tous ces heu que je souffle
Le toi qui m'entoure est-il encor humain
Sait-il ce que pleurer lui dit
Ce toi d'à présent
Peut-il dire au toi de la terre
Que sans pleurs je pleure lentement
Pour lui ôter tout ce qu'il a souffert

VI

J'étais peut-être un poète
Mais aujourd'hui j'ai trop de désespoir
Pour arranger ma douleur en poème
Je pense à toi et non aux mots
Je ne fais pas un livre
Tout entier dans mon regret
C'est douloureusement
De la douleur que j'écris
Pour la garder dans ma poche

VII

Unis l'avons-nous jamais été
Ainsi que nous le sommes
Depuis que Mort nous a brutalisés
Dans les plus claires joies
Dans les plus serrés enlacements
Je n'étais qu'un vivant qui vit tranquille
À côté d'un vivant
Mais à l'instant des yeux clos
Ta vie a sauté dans la mienne
Et je suis devenu à la fois
Le vivant et le mort
Vivante je pensais à toi
Morte je te pense
Je suis nous divin pluriel
J'ai grossi de toi
Et pourtant les gens disent
Que je suis bien maigre
Je suis le grand nous solitaire
Comme toi as été toi et moi

Quoique je ne fusse pas mort
Laisse-moi croire ma généreuse
Que tu as eu le bonheur vivante
De m'aimer vivant
Comme on aime un mort
Ce bonheur ton cœur te l'a donné
Malgré moi
Qu'il était beau ton cœur GERMAINE
Je l'embrasse je l'embrasse
Comme je n'ai jamais su l'embrasser
À présent que tu n'es plus rien
Qu'on puisse prendre dans ses bras
Quand j'ouvre la porte comment se fait-il
Que tu ne m'attendes pas
Non tu es au cimetière
J'écris ce mot en m'arrêtant à chaque lettre
J'écris ce mot et je m'arrête
Tu es au cimetière

VIII

Le front couché sur ma main
Je dorlote ma douleur
Et je la supplie
De se laisser tomber sur le papier
Elle y tombe coup par coup
Jour par jour
Mais ce qui tombe est filtré
C'est de l'eau de douleur
Le vrai l'épais
Ne veut pas sortir de moi
Et quelquefois je suis si lourd
Que je ne peux sortir du toujours
Que pour tomber dans jamais

IX

Je mange comme un chien
Je caresse la chatte
Ta Saky noire où tu nichais
Ta tendresse désespérée
Je lis les lettres des amis
Qui m'envoient leur sympathie
Tous ces amis
C'est toi encor qui me les a donnés
De bons amis par alliance
Et lisant ces lettres qui battent
Je te dis vraiment un tel est très gentil
Comme en revenant de ton enterrement
Je te racontais ce qui s'était passé
Qui était là et qui n'y était pas
Quelle gerbe splendide un tel avait portée
Et combien tel et tel et tel étaient émus
Le prêtre lui-même à l'église
Faisait vraiment monter sa prière en priant
Il articulait son latin

Avec de la volonté sur les lèvres
Et de l'amour
Comme s'il avait été ton élève
Et ton dernier vêtement ton linceul
T'a-t-il un peu réchauffée
Je l'ai choisi si moelleux si aimable
Non pas de toile sans cœur
Mais de blanche laine amoureuse
Tu sais bien cette belle couverture
Que je venais d'acheter
Pour que tu m'en fasses un pyjama de
                       dimanches
Ainsi c'est un peu moi qui t'enveloppe
Heureuse tu m'emportes
Dans ce lit dur étroit et clos
Où j'ai dû comme une simple morte
Te mettre
Et te laisser
Seule
Avec Pierrot
La petite poupée

G   G

X

Ainsi la mort c'est ça
On n'est plus là
On est absent pour toujours
Celui qui reste parle
L'autre ne lui répond pas
Il cherche
Personne
Les habitudes
Non
J'avais encor quelques mots à lui dire
Trop tard
Deux mots
Non
Un seul
Non
Un regard
Non
Pardon
Non

G   G

J'entre
Personne
Je regarde une image
Mensonge
La vérité à pleines mains
Voilà
Personne
Moi avec moi
Ou moi sans moi

XI

Tu ne vois plus peut-être
Tu ne m'as pas vu boire tout cet alcool
Pour perdre la réalité de tes mains si raides
Tu ne me vois pas fumer ces innombrables
                                    cigarettes
Pour ne plus être que fumée
Tu n'es peut-être plus ni toi ni moi
Mais les objets que tu as vus
Me rendent à présent
Le toi qu'ils ont reçu
Voici un vieux veston que tu aimais
Tu trouvais qu'il m'allait bien
Je l'ai repris
C'est avec lui sur le dos que j'écris
Tu es dans sa forme dans ses plis dans ses
                                    manches
Mon bras sent ta présence
Cependant qu'il écrit à côté de ta mort
Mais quel silence

Comment une présence
Peut-elle être un tel silence
Et tant avoir l'air d'une absence
Cette vie des morts Germaine
Est comme la mort pour un vivant
Ne te souviens-tu plus que tu étais
                                        Germaine
Ne vois-tu pas que je suis vivant
Un vivant qui cherche de toute sa vie
Une morte
Une morte qui est morte
Pendant toutes les journées
Et pendant toutes les nuits

XII

Pour brûler mes soirs
Et ne pas rester chez nous assis
En face de ton absence
Je me suis jeté chez des amis
Ce soir ici demain ailleurs
Mais les trois quarts ou tous
Qui t'aimaient bien pourtant
Ont déjà fini leur tristesse
Ils parlent de mariages ou d'affaires
Ou d'art
Alors blessé par ces trop bons visages
Je pars
Car moi je ne me sers de la parole
Que pour parler de toi
Tandis que les autres s'en servent déjà
Pour n'importe quoi
Déjà
Il n'y aurait vraiment qu'avec toi
Que je pourrais assez longtemps

Parler de ta vie
Si tu n'étais pas morte
Mais ces paroles multicolores
Sont après tout à l'heure
Tu es ma morte et non la leur

XIII

J'en veux à tous ces gens qui marchent
                              dans la rue
Puisque toi Germaine tu n'y marches plus
Pourquoi ceux-là que je ne connais pas
J'en veux j'en veux à tous ceux qui vivent
J'en veux à tous ceux qui sont deux et qui
                              se parlent
Et qui se disent bien enfermés dans leur
                              présent
Ce qu'on ne dit à chaque instant que l'un à
                              l'autre
J'en veux à ceux qui se regardent qui se
                              touchent
Ceux qui s'attendent et vont se rencontrer
Ceux qui se quittent mais se disent au
                              revoir
Quand moi j'ai dû te dire adieu

XIV

Nos quatre points cardinaux
N'ont pas changé de place
Le soleil se lève toujours à ton Est
Comme aux matins où tu le regardais
                                        monter
Ce soleil qui ouvrait sur ton visage
Un si total sourire
Moi seul par un mot doux
Pouvais illuminer ta face
Autant que lui
Peut-être même davantage
J'avais sur toi plus de pouvoir qu'un astre
Et je t'ai si souvent laissée
Sans le regard
Dont tu désirais vivre
Et maintenant je regarde je regarde
Pour te voir
Et te donner mes yeux
Mais c'est fini

Il est trop tard
Tu n'es plus qu'une pensée
Qu'on ne caresse pas j'ai peur
D'un regard
Au moins ma grande endolorie
La pensée que tu es
Reçoit peut-être ma pensée
Qui voudrait tant te redonner la vie
Pour que tu puisses mourir heureuse
Oui oui voici le cœur absolu
De celui qui est resté là
Quand tu vivais si je t'ai beaucoup
En tristesse laissée
Puissé-je croire ma noble grande
Que je peux au moins de toi
Telle que tu l'étais vivante
En notre premier temps
Faire une morte gaie

G   G

XV

Je mets de côté bien à part
Toutes les lettres que je reçois
De nos amis
Comme ils avaient bien compris
Mieux que moi mieux que moi
Ces lettres sont toute ma compagnie
Dans la maison où tu ne m'attends plus
Toutes sont belles
C'est une pleine boîte de cœurs
Je les garde pour te les montrer
À tout hasard

G   G

XVI

Je suis celui qui souffre
Le sujet
Celui qui vit ta mort
Celui du froid et du silence
Celui qui se nourrit de ce qui n'existe plus
Celui qui mange marche et dort
Avec sa morte à la main
Celui qui reste au cimetière
Devant le gros mont de fleurs fanées
Où sa couronne s'arrondit encor
Avec son ruban et ses lettres dorées
À TOI PIERRE
Et je dis tu es là
Sous la terre
Et moi je suis dessus
Debout
Et je viens au cimetière moi
Pour te voir toi
Et quand je reviens à la maison

Cette autre tombe où je repose
Je pense que je vais te dire
J'ai été au cimetière
Pour te voir
Parce que tu sais
Tu es morte

XVII

Je suis enfermé dans le mal de toi
Je vis au fond tout au fond
Dedans toute ma douleur
Ma douleur est un fruit
Dont je suis le noyau
Vous mes amis qui m'appelez
Je ne puis vous répondre
Merci
Je suis enfoui dans ma douleur
Ce fruit monstrueux de la mort
Ce fruit qui ne mûrit peut-être jamais

XVIII

Jusqu'où faut-il marcher pour te retrouver
Je vais je viens je sors et je rentre
Mais je ne suis jamais nulle part
Dehors il n'y a pas d'espace
Et dedans c'est le vide
Un homme qui cherche sa morte
Est bien dépaysé sur la terre
Il n'est plus d'ici
Et pas encore de là-bas
Ou de là-haut
Sa présence est une absence qui est là
Il a des ailes
Mais comme une statue
Esprit
Mais tout en bronze
C'est de ton mouvement
Que sortait ma ronde réalité
Mais seulement depuis ton immortalité
Je sais que nous étions une harmonie

Tu étais là c'était ma paix
La Terre était pour moi naturelle
Tant j'étais pour toi la Terre
Et tout le concevable
Hélas je suis l'homme qui cherche sa morte
Avec de la tendresse
Plein ses remords
J'avais tant de bonnes intentions
À ton invisible aujourd'hui j'offre les actes
Toutes les fleurs que j'aurais dû
Te mettre dans les mains
Je les porte sur ta tombe

XIX

Par moments il me semble que mon visage
Est devenu ton visage
Je sens que je te ressemble
Je parle avec tes lèvres
Je fais des gestes avec tes bras
Et c'est ta main qui vit sur la mienne
Où je retrouve à mon petit doigt
Ta bague de fiançailles
Avec tout ton bonheur de la recevoir
Et les dix-sept ans de foi qui ont suivi
Et tu dis et tu parles vite
En équilibre sur tous les rêves que tu ris
Moi ce soir tout petit
Comme un point
Les yeux fixés sur ta bague à mon doigt
Le désespoir me rapetisse encor
Quand je vois ton sourire si riche
Et toutes ces gerbes d'espérances

XX

J'avais entendu parler de la mort
J'avais même vu un soir à six heures
Ma mère ma mère cesser de respirer
J'avais eu froid j'avais pleuré
Mais tu m'avais entouré de toi
Et j'étais resté vivant
La mort ce n'était pas vrai
Même au seuil de sa fosse
Je disais bien que chacun meurt
Chacun tous excepté nous
La mort pour eux
La mort peut-être
Possible qui dort
Cela ne nous regarde pas
Hélas puisque toi te voici morte
La vérité est vraie
Et je fais partie de la mort
Malgré mes yeux qui voient
Puisqu'ils ne te voient plus

Que sous la forme d'une tombe
Aujourd'hui tas de fleurs écrasées sous la
                                        pluie

Bientôt deux mètres de pierre
Avecque la croix et le nom
Toi Germaine l'enthousiasmée
Une pierre
Et cette pierre quand j'arriverai
Ne reconnaîtra plus mon pas
La vérité c'est la pierre
Et maintenant je suis déjà de la pierre
Quoique j'écrive sur la mort
Avec une main en vie

G   G

XXI

Sans toi le jour n'est plus clarté
Tu étais l'une de ses couleurs
Et sa lumière pour moi n'est plus blanche
Dans le cristal de mon existence
Tu étais fondue
C'était toi l'essence précieuse
Qui lui donnait sa transparence
Et maintenant elles est opaque
Elle est bouchée
Comment pourrai-je passer à travers
Comment la Mort ce terrible chimiste
A-t-elle pu de ce tout te précipiter
T'extraire
Que fait-elle de cette essence
Et qu'a-t-elle fait du tout

G   G

XXII

Pas une des cellules dont je suis fait
Qui ne pense à toi
Ta mort les a toutes prises
Et les plus insensibles
Celles qui n'ont jamais pensé qu'à soi
En sont touchées
Ton souvenir
Comme un être bien plus fort qu'un vrai
Étreint tout ce qui était Pierre
L'embrasse et le brasse
Et lentement le transforme
Depuis ta mort l'analyse dirait
Que mon sang a changé
Mon cœur se met peut-être au rythme
Que le tien préférait
Et mon cerveau fait tourner dans mon
corps
Les dix-sept ans que tu m'as tant vécu
De ton premier regard

Tout plein d'éternité vivante
Au dernier
Tout plein peut-être déjà
De l'autre éternité

XXIII

Aux premiers brouillards de l'éveil
J'espère quelquefois
Que j'arrive d'une autre vie
Que rien de l'affreux hier ne reste
Dans ce nouvel aujourd'hui
Je t'entends dormir et bouger dans ton lit
J'ouvre les yeux il est sept heures
Ton lit est plat et pas défait
Tu es morte aujourd'hui comme hier
Je suis encor dans cette vie en pointe
Où l'on ne connaît pas l'imaginaire
Tu es morte aujourd'hui comme hier
J'endosse la réalité
Habit de plomb
Tu seras morte maintenant tous les jours
Tant que j'aurai des jours

XXIV

J'aurais dû sur ton lit d'adieu
Te donner de meilleurs baisers
Te les donner plus vivants
Et plus nombreux
T'embrasser avec des bras désespérés
Courir après ta vie
Étendre partout sur toi ma douleur
J'ai eu peur de bouger ta mort
Tu étais tellement immobile
J'ai mis toute ma tendresse
Et tout mon néant
Dans un seul et lent baiser sur ton front
Moi Pierre
Encor vivant
Debout tout près du lit
Où je te regardais toi Germaine
Complètement morte
J'ai pris ta main encor souple
Mais je ne l'ai pas gardée assez longtemps

Dans les miennes
À ce suprême bonsoir
Peut-être attendais-tu
Plus de moi-même sur toi
Ma si douce immolée
Même devant ton corps
J'ai perdu mon temps
Et t'ai trop peu donné

G   G

XXV

Aimez-vous me disent nos amis
C'est la vie qui le veut
Et sans doute votre morte aussi
Oui je sais
Si tu peux vouloir tu le veux aussi
Si tu peux me voir mon désespoir t'est cher
Mais tu dois trembler que j'en meure
Au long de tous ces ans
Au chaud de ton amour je me suis aimé
Il est temps aujourd'hui
Que je me laisse
Pour ne plus voir que toi
Quand tu n'es plus visible
Ma pauvre toute bleue
Hélas

G   G

XXVI

Depuis ta mort
J'écris cela qui est la vérité
Et je crois voir en l'écrivant
Ton sourire
Qui fut ta grande vérité
Mais qui n'est plus que mon mensonge
Depuis ta mort
Je suis éclatant de silence
Car je n'ai plus rien entendu
Depuis que tu m'as dit le dernier mot
Je parle et l'on me parle
Mais ces mots-là ne sont pas des paroles
Et n'entrent pas dans mon silence
Ah ce silence que j'ai voulu si souvent
Quand ton oreille attendait que je parle
Ta mort à présent m'y condamne
Quand je voudrais tant parler
Pour te raconter bien des choses
Que j'avais à te dire au temps clair de ta vie

Depuis que tu m'as dit le dernier mot
Qui ne semblait pas l'être
Je n'ai plus rien entendu
Et je n'ai vu personne

XXVII

Je trouve moins mortes les journées
Quand j'ai ta bague au doigt
Cette lumière sur ma main
Fait passer devant ma douleur
Ta main ton bras avec ton geste
Et toute ma Germaine
Avec sa forme et son expression
Cet or clair et cette opale
Contiennent la douceur matinale
Que tu étais
Et qui n'est plus maintenant
Qu'une bague à mon petit doigt
Hélas être une bague à mon doigt
N'était-ce pas tout ton désir
Ma bonne morte
C'est seulement quand mort t'a prise
Que ton désir se réalise
Au moins as-tu doucement espéré
À tes heures de mélancolie

Seule dans notre chez-nous
Plein de moi
Qu'après ta mort un soir
J'ouvrirais ton coffre à bijoux
Pour y prendre cette bague et la mettre à
mon doigt

Secondes fiançailles
Sans baisers ni regards
Comme je serais moins lourd
Si je pouvais me faire croire
Que tu as pu l'espérer

XXVIII

Non ce n'est pas un livre que j'écris
Un travail savant de floraisons verbales
C'est ma souffrance en son franc naturel
Que je cherche à mettre de face sur du
papier
Pourtant c'est pour toi cette écriture
Et je voudrais qu'elle fût ma meilleure
Mais j'ai trop de douleur
Pour savoir encore écrire
Je tremble que le cœur
Ne soit qu'un petit écrivain
Il n'y a pas de mots dans le cœur
Il n'y a que des soupirs
Et pour honorer ta mémoire étoilée
Il faut que je mette mon cœur
En langage de cerveau
Mais pour bien t'offrir ma douleur
Il faudrait ne mettre ici que des soupirs
Sans un mot

Alors pour essayer l'impossible
Que je voudrais pour toi toucher
Je demande à pleurer des mots
Qui ne seraient que des soupirs
Mais j'ai peur de n'être parfois qu'un
                                        homme
Sensible encore aux beautés littéraires
Pourtant cela aussi
Serait encor te plaire
Ma douleur pour être Germaine
Doit être un peu chantée
Et je fais de la peine
À ta vie à l'instant défaite
Quand je n'ai pas le courage
D'être poète
Et pourtant tu es morte irrévocablement
C'est bien plus grand que toutes les images

XXIX

Depuis ton dernier regard
Tous mes gestes ont été je crois
Ce que tu voudrais qu'ils fussent
Si tu me les regardais faire
À tous tu me dis oui c'est bien
Tout ce que j'ai fait pour ton corps
Pour tes amis
Pour ta maison
Et pour moi
C'est du plus intime nous
Tout ce que j'ai fait
Tout ce que j'ai pensé
Je l'ai trouvé après ta mort
Dans ta pensée passée
Et ma douleur ne cherche son bonheur
Qu'à aimer pour toi seule
Ce que tous deux comme un seul
Avons aimé

Si tu pouvais encor sourire
Tu n'aurais pas cessé de sourire
Depuis que tu es morte

G   G

XXX

Il y a quand même des jours
Qui ont des noms et des heures
Quoique pour moi ce soit toujours
Le même jour et la même heure
Mercredi quatre heures de l'après-midi
Vingt-huit janvier dix-neuf cent trente
                                    et un
L'instant de mes lèvres sur ton front mort
Et de ma main sur ton ancienne main
Mais pour n'importe qui
Chaque jour est un autre jour
Et je m'en aperçois trop
Quand pour avoir l'air d'être au monde
Et bien en bon ordre de vie
J'enlève tous les matins
La feuille du calendrier
Mais je l'arrache en rage
Et la jette au panier

G   G

Mercredi vingt-huit janvier
Tous les autres jours depuis
Je les jette au panier

XXXI

Pour étoiler ma solitude
Je célèbre souvent des mystères
Tout ce que tu as touché
Tout ce que tu as aimé
Je le nomme Germaine
Tes bas tes souliers ou tes robes
Un livre un poème ou même un aliment
Et quand je touche l'objet
Tu es presque sous mes doigts
J'ouvre le livre tu es en train de lire
Je mange tu descends en moi et me nourris
Ainsi ce chocolat
Le vrai roi de ton goût
C'est toi Germaine du visage aux entrailles
Et chaque fois que j'en porte à ma bouche
C'est toi que je mange
Et goulûment je communie
Et comme tu n'as rien tant aimé
Que moi-même

Je ne sais plus quand je pense un peu trop
Si ma figure n'est pas la tienne
Si je suis Pierre ou Germaine
Mais on n'est pas toujours en richesse
D'allumer devant soi des mystères
Alors
Ce qui est continue
Toi tu n'es plus
Et moi je suis

G G

XXXII

La douleur a de la peine à vivre
Dans la vie
Qui la déteste
Et la trouble
Tu souffres
Allons donc
Tu m'embêtes
Voici ceci
Voici cela
Un tel te parle
Réponds-lui
Un tel t'appelle
Vas-y
Et cette affaire
Où en est-elle
Lève-toi
Assieds-toi
Tu oublies tout
Pense à ceci

G G

Pense à cela
À quoi
Mais à la vie
Ah ma morte
Que la vie est antipathique
On est en paix dans sa douleur
On a couvert tous ses sens
On se recroqueville dans la désespérance
Et la vie
Cette brute vient vous parler
De vous
Et de votre avenir

XXXIII

Une photographie
Te conserve à ma volonté
Sur ton lit de silence
Tu dors
Sous les grandes feuilles pleureuses
Des palmiers
Toi qui as tant souri
À des voyages tahitiens
Te voici morte sous des palmiers
Et ton dernier visage dit
Comme on est bien ici
J'étais un peu fatiguée
Mais je suis arrivée
Dans ces pays
Et je me repose au soleil
Germaine tu ne sais donc pas
Que tu es morte
Et que moi je te regarde
Et tu es une bien douce morte

Aimable là
Autant que tu le fus vivante
Tu n'as rien du mauvais accueil des morts
Et dans ce blanc
Parmi les fleurs et les feuillages
Tu reçois pour la dernière fois
Avec ta belle bonne humeur
Jamais vivant n'a vu
Un mort aussi aimable

XXXIV

Sur ma table je t'ai laissée
Dans cette chambre d'isolé grenier
Où je m'enferme pour écrire
Tu as passé la nuit là
Sur mon papier
À la place même où j'ai déjà beaucoup écrit
De ces livres dont je t'apportais le soir
Des pages
Que je te lisais
Et qu'avec tant de joie
Et de fatigue parfois
De tes dix doigts si gais
Tu dactylographiais
Ah dans cette chambre de poésie
Que ne t'ai-je dit souvent
D'y venir me porter ton cœur
Hélas il a fallu que tu meures
Pour que je t'y porte moi-même
Et pour que tu la remplisses

De ton sourire inachevé
Et de tes yeux clos
Sur ma table comme dans mon sang
Germaine
Te voici où tu voulais être
Mais tu es morte
Et je te porte partout
Quand tu n'es plus qu'une photographie
Si douce
Ah si les photographies avaient un cœur
Comme la tienne serait heureuse
D'être là sur le papier où j'écris
Mais ce n'est qu'une photographie
Très douce
À laquelle je lis
Le poème que je viens de pleurer

XXXV

Donner donner
Ah toute à moi tu m'as trop donné
J'en suis épouvanté
De jours en jours pendant des ans
Toute tu t'es coulée en moi
Goutte à goutte je t'ai bue
Jusqu'à ce que tu disparaisses
J'étais ma toute fraîche ton soleil
Et tu fus ma rosée
Mon vin d'aurore
Où est-elle ma rosée
Évaporée
Ta vie qu'en ai-je fait
Tu me l'avais donnée
Comme on donne un objet
Je ne m'en suis pas aperçu
Et tu es morte
Que puis-je faire à présent

De ta belle vie que je porte
Un poème peut-être
Et encor

XXXVI

Pour qui est donc l'éternité
Pour la mort ou pour la vie
Es-tu Germaine pour toujours
Ou ne fus-tu Germaine
Que pendant ta saison
Ta vie est sans doute éternelle
Mais ta vie dans l'éternité
Est-ce encor toi
Dans cette bleue éternité
Sais-tu que tu vis
Sais-tu que tu es éternelle
Et sais-tu qui tu es
Nous vivants de la Terre
Nous ne savons plus rien de la vie éternelle
D'où nous venons peut-être
Vous vivants de l'infini
Ne savez-vous plus rien de la Terre
D'où vous arrivez
Ma pensée d'à présent

Vient-elle jusqu'à ta vie
Et ta pensée à toi
Vient-elle jusqu'à moi
Est-ce ma pensée qui pense à toi
Ou est-ce ta pensée qui s'enroule à la
mienne

Sommes-nous toujours deux
Ou chacun est-il seul
Est-ce moi qui me souviens
Est-ce toi qui viens
J'ai grand'peur d'être seul
Avec un souvenir
Qui n'est encor que moi
Et toi
As-tu même un souvenir
Que ferait du souvenir
L'éternité
Pour un vivant de la Terre
Quelle effroyable réalité
Que l'éternelle éternité
À toi Germaine je pourrais te donner ma
douleur
À ta vie éternelle je ne puis rien donner
L'éternité ne peut rien recevoir

XXXVII

Est-ce quand on est vivant qu'on est mort
Et naître serait-ce alors mourir
Et mourir naître
Mais être soi n'est-ce pas être
Être tout court est-ce encore être
Savoir qu'on est serait erreur
Sans connaissance irait le vrai
Pauvres vivants imaginaires
Qui croyons vivre en marchant
Tout est donc pour nous à l'envers
Et notre Terre n'est qu'idéale
Tandis qu'invisible est réel
Que faire alors de mes mains de mes yeux
Que faire alors de ce moi nommé Pierre
Qui se sent un et même deux
Que faire de sa douleur s'il ne peut te l'offrir
À toi Germaine-réalité
De tout cela que faire
Si tout ce qui nous appartient

N'est que du vrai imaginaire
Et si je ne suis pas vivant comment le croire
Je vois je touche et je souffre
Ma douleur alors serait imaginaire
Mais elle me fait pourtant un mal aussi vrai
Que si la vie était réelle
Aussi vrai que si j'étais immortel
Aussi vrai que si notre imaginaire
Était vivant comme la mort

G   G

XXXVIII

J'ai passé l'après-midi
À t'inventer un tombeau
J'ai dessiné les quelques pierres
Que je veux te donner
Mon dernier cadeau
Si je peux dire oui
Aux exigences du marbrier
Les lignes en seront droites
Et le tout d'une pièce
Comme massif et tout droit
Fut ton amour pour moi
Je veux te bâtir une tombe
À ton goût
Et voilà
Tes noms seront gravés
Et les gens en passant liront
À voix de cimetière
GERMAINE ALBERT-BIROT
REYNAUD D'ARC DE SURVILLE
28 JANVIER 1931

G   G

XXXIX

Ma douleur te veut dans la mort
Telle que tu étais moins ton corps
Je sais que ta chair est enfouie
Et que tu n'as peut-être plus déjà
De visage
J'accepte
Ni visage ni regard ni voix ni geste
Mais ma douleur veut tout le reste
Pour prendre dans ses bras ton amour
Et se meurtrir sur ta tendresse
J'ai vu visser le couvercle de ton cercueil
Mais on n'avait mis dessous
Que le mort
Tu ne me regardes plus
Mais tu sais que je parle
Mais tu sais que je souffre
Pour à présent te rendre heureuse
Mais Germaine
Me voici tout embarrassé

Ma douleur fait-elle du bien
Ou du mal à ton amour
Toi-même sais-tu peser ce que tu sens
Malheureuse que je sois malheureux
Mais si heureuse que je le sois
Pour toi
Mais ton amour
Peut-il ne pas pleurer de ma peine
Mais pourrait-il ne pas pleurer
Si je n'en avais pas
Mais comment pleure la tendresse d'une
                                    morte

Comment savoir dans ce silence
Si ma douleur t'attriste
Si ma douleur t'allège
Et voici que je ne sais plus
Si je dois être heureux de souffrir
Non c'est ton visage que je voudrais
Avec sa vie des yeux et de la bouche
C'est tout ton corps avec son mouvement
Toi tout entière
Je prendrais dans mes bras le corps et le
                                    reste

Et je verrais penser ta pensée
Mais j'ai vu fermer ton cercueil
Je n'aurai plus jamais ton visage
Avec les paroles exactes
De ta bouche et de tes yeux

XL

Ta vie éternelle était si bien
Ornée de ton corps
Et cachée en lui
Dieu t'a peut-être donné mieux
Mais moi je n'entends rien à la perfection
Et même toi la trouves-tu parfaite
Sans moi
Mais peut-être ne suis-je plus pour toi
Le parfait est capable de tout
Peut-être efface-t-il les vivants
De la solaire vie des morts
Tandis qu'au contraire nous dans l'ombre
Le souvenir nous creuse
Germaine toi
Tu ne peux être une ordinaire morte
À mon cri
Tu vas désobéir
Et le temps d'une pensée
Tu seras la Morte au Souvenir

Dis-moi je veux savoir
Les morts existent-ils
Sont-ils pour nous des amis les morts
Des ennemis
Ou des indifférents
Dans votre aurore
Êtes-vous en colère
Que nous trouvions bon le pain

XLI

C'est encor l'écrivain
Qui fait sa coulée de mots
Pour jouer à l'immortel
Je sais que je suis un homme vivant
Pour qui la vie est la vie
Et de tout mon cœur je sais que tu es morte
Et la mort pour moi est la mort
C'est-à-dire la fin de la vie
Tout le reste est un conte
Ta mort je la touche et je la vois
Je la vis durant toutes mes heures
Ton immortalité je l'invente
Tant je suis aveuglé
De t'avoir vue si morte
Invention d'homme en noir
Qui veut coucher sa douleur
Pardon ma morte
Je reste droit
Je vois ta mort

Et je la garde posément devant mes yeux
Et je n'invente plus d'espérance
Je suis devant la fin
On ne va pas plus loin
Tu n'es nulle part
Et moi je suis où je suis
Voici la vérité que l'œil de mon âme fixe
Et je serre ma douleur
Sans rien dire

XLII

Je ne peux pas quitter mon corps
La lumière est blonde aujourd'hui
De bonne humeur et câline
Ah que ce soleil aimable m'écorche
Tant sa douceur est déchirante
À celui qui vit de mort
Et ne croit plus aux amitiés de la lumière

XLIII

Je suis tellement enfermé dans ta mort
Qui m'est une épaisse coquille
Que je ne vois plus cette mort qui
                            m'enferme
Et je dis où est donc Germaine
Elle tarde bien à rentrer
Et je t'attends
Mais ce n'est qu'un instant
Tout le reste du temps
Je sais qu'il ne faut pas t'attendre
Et je me mets à table
Et je ferme à clef
Et je me couche

XLIV

Toute vraie je te vois
Tu parles et tu tends la main
Tu t'assois et tu tournes la tête
C'est bien toi ta voix ton geste
Ta vie ouverte en éventail
C'est bien toi mais ce n'est rien
Et c'est tout ce que mort donne à vie
Un souvenir
Pour affirmer pendant toujours
Le grand jamais
Pour dire au vivant
Regarde qui est mort
Souvenir n'est que blanc mensonge
Qui nous jette à la vérité
Voici ta morte prête à parler
Mais elle est pourtant morte
Et ne te parlera jamais
Ah si le souvenir pouvait être pour nous
Quelque chose dans l'espace

Mais nous avons des yeux et des mains
Et le souvenir n'en a pas
Oh ton sourire comme je le vois
Mais comme aussi je vois
Que je ne le vois pas
Et tout ce que j'avais encore à te dire
Ta mort le tue au fond de ma pensée
Et j'emporte partout
Chez les gens dans la rue
Cette conversation morte

XLV

Aujourd'hui temps de jardin
Temps doré
Comme si tu étais là
Pour en être heureuse
Temps de tout cœur comme toi
Je suis allé m'asseoir
Au Luxembourg
Et dans cette facilité printanière
Je pensais aux lignes droites de ta tombe
Et au grain fin de la pierre
Un grain doux comme des seins
Il me semble à l'instant sentir
Que je me forme que je m'enroule
Dans l'intérieur de ma douleur
Comme un fœtus dans sa matrice
Peut-être naîtrai-je à mon temps
Et c'est encor toi qui m'auras donné
Ce nouveau moi fils de ta mort

XLVI

Ta robe est toute esbroufée
Par le vent
Tu cours sur la plage
Avec un beau sourire à l'espace
On est sûr que tu es éternelle
Mais non
Il y a des années
Que tu courais ainsi
Un matin de juillet
Aujourd'hui tu es couchée raide
Dans la terre comme une racine
Sans ciel
Sans bruit
Sans espace
Et sans savoir
Qu'on peut courir
Dans le vent
Et sourire
Tu courais si lancée

Et si sûre d'être vivante
Et te voici morte
Je te vois à la fois
Courant et morte
Où est la vérité
Continues-tu à courir
Ou continues-tu à être morte
Tu étais si palpable vie
Est-ce l'image que j'imagine
Ou ta mort

G　　　　　　　　　　　　　　G

XLVII

Presque tous les jours
Aux heures de nuit ou de lumière
Pour moi
Homme qui parle et qui mange
Ta vie est terminée
Je dis tu étais
Qu'est-ce donc que le passé
Ce présent qu'on voit
Et qui n'existe pas
Toutes ces paroles qu'on entend
Et qui ne sont rien que du silence
Quel étrange combat que celui du passé
Avecque le présent
Où l'invisible combattant
Écrase celui qui a des bras
Et c'est celui qui est là
Qui n'y est pas et moi
Suis-je là n'y suis-je pas
Avoir été n'est-ce pas être encor

G　　　　　　　　　　　　　　G

Être encor n'est-ce pas être toujours
Toujours est-ce toujours ou jamais
Le passé c'est bien nous
Comment pourrions-nous vivre
En nous laissant là-bas
Quand nous sommes ici
Nous mourons peut-être alors tous les soirs
Et nous naissons tous les matins
Et moi ce soir en train de mourir
Je suis effrayé à l'idée
Que je naîtrai demain
Car chaque nouvelle naissance
Cherche peut-être à m'éloigner
De mes vieilles morts
Le soir où tu es morte
Je suis mort aussi
Mais je suis né le lendemain
Et toi tu es restée morte
Germaine mon sourire
Je peux naître chaque matin
Mais je garde en naissant
Le goût de toutes mes morts
Et de toutes les tiennes
Et surtout de la dernière
Et toutes ces morts
Au long de chaque jour
Sont ma pâture
Et ma chair ainsi maintenant
Riche de vie et de mort
A goût de moi et de toi
Je te cherchais dans d'inimaginables néants

Et tu es là
Puisque me voici presque toi
Mon moi te contient
Te porte
Et quand à chacune de mes naissances
Je me lève pour aller vivre
Je t'emporte
Maintenant je n'ai plus à te parler
En mots de bouche
Quand je marche nous marchons ensemble
Et quand je pense ta pensée bouge
Et dans mes œuvres d'après toi
Si ma tête est encore enchantée
Quand on n'y verra en lettres
Ni ton nom
Ni ta figure
Ni ta dernière mort
Tu passeras quand même sur chaque ligne
Même s'il m'arrivait
De ne le savoir point
Et même si la vie ce feu
M'engouffrait
Ma chair te contiendrait encor
Et tu ne seras vraiment sur Terre
Une morte morte
Qu'au jour de ma dernière mort
Et tant que je vivrai
Germaine mon sourire
Tu seras une morte en vie
Germaine toute face
Toi qui as épousé

Jusqu'à pouvoir en mourir
Le cœur de travers que je fus
Je ne puis plus que vivre de ta mort
Ma clarté
Ma grande morte
Germaine voici
La blanche cérémonie
C'est maintenant que l'éternité nous dit
Soyez unis
Et je t'épouse enfin
Adieu à ton image
Qui me regarde te voit
Et tant que je vivrai
Germaine mon sourire
Tu seras une morte heureuse

Février-mars 1931

G   G

Germaine

*Ton livre est imprimé. Avril, mai, juin,
juillet, août, septembre, octobre. Pendant
sept mois, j'ai chaque jour fait une partie de
l'ouvrage. Seul, absolument seul, devant la
casse, devant le marbre, devant la machine,
j'ai réalisé page à page ce livre tout entier et
uniquement pour toi. Ces lettres tu les as
tant remuées pour moi, ce sont les mêmes,
et tandis que je les prenais dans leur petit
cassetin et que je les alignais dans ton com-
posteur, tu passais au bout de mes doigts.
Toutes ces phases d'un livre qui s'imprime,
que nous avons vécues si souvent ensemble,
je les ai une à une revécues seul, te voyant
aux diverses places que tu occupais au cours
de chacune, te faisant, quelquefois à mi-
voix, les réflexions que j'avais l'habitude de
faire, te conviant à admirer les parties réus-
sies et grognant devant les parties manquées.
Notre imprimerie, quelle joie quand nous*

G   G

l'avons achetée, quel enthousiasme. Pendant que les ouvriers montaient la machine tu apprenais ta casse, et dès après leur départ, tout sourire au milieu du matériel épars, tu m'indiquais de ton petit bout de doigt la place de chaque lettre dans la boîte. Je veux réimprimer ici les deux petits poèmes composés pour toi en finissant La Lune *et* L'Autre Moi *et que nous avions imprimés sur chacun des deux exemplaires marqués à ton nom.*

J'imprime ce bel exemplaire
Pour toi qui de tes dix doigts-cœurs
As si bien conduit pour nous plaire
Tous ces milliers de lettres-chœurs
Qui transmettront tous mes poèmes
Et de celui-ci tant tu l'aimes
Sur notre machine qui rit
Pour toi ce doux soir à Paris
J'imprime ce bel exemplaire

Patiemment
Pendant des mois
En métal doux tu as construit
Tous ces poèmes
En transparence on te voit
Sur eux penchée

Seule, étant donné ce qu'est notre *imprimerie, tu peux savoir ce que j'ai dû donner de moi pour réaliser ce livre, et seule tu peux* savoir quelle douleur ce travail — que nous aimions tant — a pu entretenir en moi chaque jour, c'est dire que personne ne le saura jamais, et j'en suis bien heureux, c'est enfin quelque chose pour toi seule, et quelque chose que je te donne : le poème, le travail et la douleur.

Tu aimais à dire que tu étais vouée au chiffre 7. Quand j'ai écrit les poèmes je ne les ai pas comptés, je les ai numérotés après : il y en avait 47. Faisant la mise en pages, la proportion choisie m'a donné 17 lignes, et j'ai travaillé pendant 7 mois. Tu vois ce chiffre est toujours avec toi.

Quand tu m'as vu tu as vu ton bonheur, c'est-à-dire une vie lumineuse toute d'amour tendre et d'art. Nous avons vécu. Et ton bonheur ? Des lueurs et de la réalité dure, en fer, qui t'a fait bien mal.

Germaine, j'ai voulu que, quand même, tu ne te sois pas trompée, j'ai voulu te donner, après, ton bonheur, et j'ai fait ce livre qui, déposé à la Bibliothèque nationale, te donnera une immortalité terrestre de quelques siècles. Et je me demande si, vivante, ayant à choisir entre ce bonheur-là et l'autre, tu n'aurais pas choisi l'immortalité.

Puis-je finir cette lettre comme les autres ? J'attends ta lettre avec impatience et je t'embrasse.

Pierre

La Panthère noire

Poème en 50 anneaux
et 50 chaînons

Dix doigts entrecroisés l'Apôtre de la fresque si droit si
loin aux pieds du Fils cloué dix doigts serrés
Dix doigts entrecroisés toute une cathédrale grise avec
ses Saints et ses siècles bloc de douleur ajourée
et frisée
Saintes et Saints gestes définitifs les veilleurs du porche
les veilleurs des tours ceux qui ne sont jamais
entrés
Des doigts vivants des doigts de pierre des doigts peints
ils n'ont rien demandé ils attendent par tous les
temps
Ceux d'Europe comme ceux d'Asie comme ceux des
Cieux où petits enfants voient le fauteuil de
Notre Père
Quand on a reçu les mains se séparent chacune fait ses
caprices à droite et à gauche et l'on part en
courant
Et l'on court à travers les villes au hasard des rues
ornées d'hommes qui marchent et de poussière
commerciale
Alors on tourne la tête de tous les côtés mais ceux-là
qui ont les doigts entrecroisés ne tournent pas la
tête
Ils attendent et ne recevront jamais bien que tout près
des yeux pigeonnes amoureuses jouent de l'aile

Bien que le bruit des brasseurs de grande vie vienne
    leur parler à l'oreille ils ne tourneront pas leur
    moi

Un chacun est réuni à soi chacun de ceux-là s'est
    épousé très étrange mariage où l'on est soi-
    même un couple

Où l'on est à la fois les époux et l'anneau où l'on est
    parfait symbole de l'union parfaite que l'on
    est bel anneau

Unir sa droite à sa gauche se marier avec soi après
    s'être donné soi-même son consentement grande
    cérémonie

À bout de désespoirs terrestres épanouis en fleurs noires
    et si hautement compliquées des exigences du
    front

N'est pas mariage d'amour pas même naturel mais
    bien plutôt peut-être délicieux inceste à tous les
    diables

Dix doigts entrecroisés dix doigts chauds et souples les
    tiens ta gauche et ta droite assemblées circuit
    fermé

Indéfiniment
Tu feras le tour
Tu feras le tour
Et tu diras posément
D'une voix à écrire
Ce que broient les heures
Ces moulins à vent

Navires sans matelots qu'en dites-vous
Navires sans océans vont vides et fous
Navires sans commandant ils sont à nous
Mais navires ne verront plus les esquimaux
Souffle en a fait des danseurs animaux
À vingt bras au moins et trente-six têtes
Avec profil déjà d'un monde sans face
Où s'en vont ces danseurs d'espace
Qui perdent en dansant qu'en dites-vous
Leurs trente-six têtes et leurs vingt bras
Peuple ballon à court d'anatomie
On nous prépare un monde mon amie
Monstres superbes en folles catastrophes
Défilé bousculade bousculant bousculé
D'innombrables encéphales tout nus
Qu'aucun rêve n'a jamais reconnus

Si tu étais fort
Tu voudrais frapper
Si tu avais mâchoire de fer
Tu voudrais mordre
Si tu étais illimité
Tu voudrais dire je tue
Peut-être après dirais-tu
Lève-toi

Tu crieras mais le Ciel n'entend que ses nuages
Tu crieras mais le vent soufflera
Tu crieras mais le feu brûlera
Tu crieras mais la mer montera
Tu crieras mais il fera jour
Tu crieras mais il fera nuit
Tu crieras mais quelqu'un naîtra
Tu crieras mais quelqu'un mourra
Tu crieras et tu cries et tu grondes
Comme si tu étais un grand orgue
Mais tu n'es pas un grand orgue

Dix doigts serrés et durs
Et les yeux fermés
Espèce de vivant qui se fait mort
Ou sur-vivant

Toi qui peux mettre à volonté la main sur une épaule tu
les appelles
Tandis que tu regardes des verdures heureuses et des
distances à vol d'oiseau
Tu les appelles de tout un allongement de pensée qui
déforme ton visage
Et l'allonge peut-être vers ceux qui sont séparés de leur
nom et de leur peau
Bel habit qui fait le moine et tu vas à la rencontre de
ceux qui ne viendront pas
D'autres te diront venez nous voir mais ceux-là ne t'ont
pas donné rendez-vous

Pour eux pas de points cardinaux et pour eux ta pensée
tendre sent la chair fraîche

Offense offense le ventre les dégoûte lui qui trouve tant
d'honneur à ses courbes

Toi tu leur parles en relief eux te parlent dans leur
silencieux langage d'espace

Impossible conversation nos dieux ont toujours eu
dans les hauteurs face et profil

Tu es celui qui tourne autour et les limpides t'attendent
avec leur patience d'ange

Bon accueil à l'arrivée du train bleu joyeux retour du
grand voyage les amis sont là

Mais il faut partir et tu flânes adorablement à cause de
l'exigence de tes dents

Tu es tellement uni à ta bouche partir le pain est
devant toi tu mors dedans

Et tu diras tu diras mais à ceux-là que tu appelles peut-
être même la bouche pleine

Tu auras depuis longtemps tout raconté quand ici ne
seras plus que deux molaires

Boby! Boby!
Allons viens!
On va promener!

Un homme qui a les yeux ouverts et mains faisantes
Siffle siffle un air comm' ça qu'il compose en sifflant
Pour s'envoyer sans le savoir en son au jour le jour
Tandis qu'il est sûr lui de ne pas quitter ses mains
Dix doigts affairés qui changent matière en objet
Toi tu serres lèvres et œil devant ton jour provisoire
En plein soleil pourquoi voler provisoire à caveau
Qu'il soit silence ton jour ou coups de marteaux
Dans tes mains il a l'air aujourd'hui pour toujours
Or tu sais bien toi qu'il ne se prend entre les doigts
Toi ouvrier qui aurais tant bon œil à œuvrer le jour
En faire de bas en haut plus qu'étrange chef-d'œuvre
Étreins-le donc à force de bras désespérément noués
Mais sache que le plus beau jour comme le plus laid
Engouffre dans sa transparence les plus adorables
        désespoirs
Alors en majeur prends-le de haut et à longue traîne
        passe à travers tes soirs

Un soir
Tu prendras le soir
Et tu lui tordras le cou
Tout a une fin

Blanches grâces Louis xv déroulées en volutes du rose
    rose en tendre ivresse
À ton éveil s'effiloche là-haut et l'écrire a suffi pour le
    perdre et pour le garder
Un rêve de tes rêves qui fatigué s'étire et rentre au Ciel
    ce grand jardin sauvage
Quand tu ne sais pas encor très bien qui tu vas être
    avec nom prénom et toi
Dès que tu auras bâillé frotté tes yeux et fait sur terre
    du bruit en te mouchant
Et voici celui qui va se lever reconnaît presque celui
    qui s'était couché

Un homme qui s'est aimablement reconnu tant de
matins un homme qui a des ans
Bien au soleil parfaitement inaliénable que bon gré
mal gré en douceur on entasse
On entasse à grosse avarice tant maigre ou gras veut
aller jusqu'à la richardise
Tu es cet homme vivant qui se dit encore une fois c'est
moi à voir à toucher
Debout sur ses deux mêmes pieds qu'il avait hier cha-
cun avec son signe particulier
Droit comme hier même torse et même cœur entre son
bras droit et son bras gauche
Et qui sans raison cette mère des sagesses n'ayant
jamais su sauter à la corde
Sans raison tant pis on verra bien se répète se répète
tourne moud tout en rond
En tout léger dans l'épais de sa tête sans y tracer ni
l'image ni le son ni le mot
Rio de Janeiro Rio de Janeiro Rio de Janeiro Rio de
Janeiro Rio de Janeiro

Soleil d'artificier
Cloué sur le poteau
On apporte la flamme
Et tu tournes tu tournes
Tournant tournant tournant plus vite
Dans une folie de feu blanc
Poudre d'astre

À la botte à la botte carottes et poireaux bonheur pro-
    chain de la soupière
Tout le monde a faim les œufs blancs sont déjà perles
    jaunes sur le plat
Camemberts livarots et tous très savante pourriture qui
    certes vous en dira long
Présent crémeux des clairs envahisseurs normands
    voués à l'Arbre et dieux du beurre
À la livre au kilo les morts dépecés plumés grand parés
    cadavres appétissants
Innocentes cervelles pensée de mouton sur faïence tas-
    sée contre son cœur et ses rognons

Gigots biftecks et rôts tranches de vie au grand couteau
       poulets martyrs lapins en sang
Ouïes béantes poissons tout nacre affalés sur les tables
       pauvres amours en morgue
Puante symphonie argent noyés d'air noyés d'air ces
       fils de l'eau ventre archétype
Allons mesdames un coup d'œil voyez mon merlan
       gueule et sourit madame Alice
À la livre au kilo à pleins sacs à gros tas on vend l'ai-
       mable et rond fruit défendu
Bel âge du péché au four ou en compote vanillée au
       kilo la reinette au couteau
Et puis voici du thym que connut peut-être naguère
       l'un de ces indécents lapins
Hier encor danseur de marjolaine Jeannot ami de Jean
       madame achetez-moi du thym
Et du laurier gloire en sauce bouquet à cuire bonne
       humeur des ragoûts
Tout le monde a faim pour honorer la bouche que les
       miracles de la lumière s'initient
       au mystère du feu

Au plus bas de l'hiver dans le creux de la nuit
Las d'avoir l'œil ouvert tu peux quitter l'été du lit
Et venir te pencher sur le Temps
Cherchant à la myope au bord du cadran blanc
Les aiguilles et les lettres aux petits éclats d'or
Elles vont te dire avecque la divine indifférence
Qu'il est trois heures du matin
Et te voici tout ému qu'elle ne soit pas arrêtée
Tellement tu la vois moulée dans de la solitude
Comment son cœur a-t-il la place de faire un' deux
Une pendule est sans doute pendule
Jusqu'à la pointe du balancier
Pendule qui tient à son honneur est tout entière
Au souci de compter
Beau chanteur
Quand il arrive le jour voudrait la séduire
Pour la distraire et la voir enfin se tromper
Mais pendule est vertu même
Et la belle a juré fidélité au Temps
Rude amant
Qui saura jamais pourquoi elle reste ainsi
Collée au vieux
Par amour
Ou pour le rendre ridicule
Ou pour ne pas être seule au monde

Cet ours des cavernes
Était onctueux comme une chatte
Et frisé comme un caniche
On dormait bien entre ses pattes
Quand on s'est éveillé
Vingt mille ans s'étaient dévorés
On était dans un palais
La salle était dallée de marbre
Noir et blanc
Et l'on s'est mis à jouer aux dames

Quelquefois quand ta vie joue en toi pour toi seul une
        grande musique
Fais des cérémonies avec toi tout soie montre-toi grand
        seigneur
Envers toi tout vivant sois cérémonieux par émer-
        veillement
Fais-toi des beaux saluts bien inclinés tu es devant son
        Altesse
Et tu es cette Altesse et toute sa cour et son trésor salue
        ton front
Et tes jambes qui te portent sur les pas de ceux qui ne
        font plus un pas

Et ta main qui empoigne la poignée qu'ils ont eue dans
la main
Et ta bouche qui s'ouvre et parle quand ils ne parlent
plus je parle
Toi tout entier qui es là debout encor toi te disant eux
ne sont plus là
Toi tout entier celui qui a la bouche en bas et sourit de
pouvoir la descendre
Miracle miracle beau vivant tu es une merveille à qui
tu dois un culte
Bien que tout l'Univers te dise à chaque instant sans
avoir l'air de rien
Toi aussi toi aussi tu seras un couché un debout pas-
sera sur tes pas
Il aura des yeux haut soupirants des mains inertes sur
les souvenirs
Et ce vivant pleureux dira je suis désespéré en souriant
sans le savoir
Dit l'Univers en souriant loin et sans lui dans le dos de
son désespoir

En nouant sa cravate
De six ou huit doigts heureux
On peut toujours penser que la vie
Est un bel ornement
Restera-t-il toujours quelqu'un
Pour dire j'ai vu ce matin
Un bel enterrement

Et pourquoi ne dirais-tu pas à ce jeune liseur de vieux
      livres jamais lus
Qui par hasard t'ouvrira un après-midi du bel an
Deux mil et sept cent soixante-seize
En avril
Que ton poète eut iris atlantique et joues creuses
D'où s'imposait bel angle de 45 un nez pointu
Tandis que crâne chevelu mais non mérovingien
S'allongeait un peu à n'en plus finir
Ce qui donnait de l'occiput à la pointe nasale
Une belle ouverture de compas
De ces charnels compas d'épaisseur aux bras courbes
      embrasseurs nés
Cette anthropométrie de fantaisie sera quand même un
      éclair à l'œil du justicier
Et tournant tes pages
Il verra ton poète en train de les écrire
Et qui sait s'il ne va pas imager son portrait
Tout au moins un profil
Riche d'un œil de face
Afin que se voie mieux la mer
Frontispice pour l'édition *ne varietur*
Et te voici plus de mille ans devant toi poète

On pourrait si l'on voulait
Mettre beaucoup de temps
À faire le tour d'une bague
Long voyage
Et long voyage aussi
Pour faire le tour du doigt

Dans la rue tout d'un coup tu tends la main au passant
Ah serrons-nous bien la main
Il fait jour
Le passant qui n'était pas armé s'est dit
Pourvu qu'il ne soit pas dangereux

Mais parfaitement la Poésie
Prend l'autobus et le métro
Elle monte même quand c'est complet
En surcharge
Comme les gardiens de la paix

Tu chercheras un visage des visages tu chercheras
Sans t'arrêter aux visages qui passeront en dehors
Non pas ceux-ci ni ceux-là marche il ne s'agit pas de
      beauté
Allant et venant lourd ou léger sur ton chemin usé
Tu chercheras entre les lignes ceux qui ne sont pas
      exprimés immenses jamais
Si tu pouvais les avoir dans les yeux seuls ces jamais te
      seraient chers
Et pourtant à la loupe on voit la chaîne et la trame
N'oublie pas d'aller toujours la loupe à la main
Dans cet espace où voyagent les doigts on dit qu'il n'y
      a rien
Et l'on passe au travers son mètre soixante-cinq de
      chair et d'os
Ce n'est pas une raison vivante tu peux vouloir tout et
      le reste
Tu chercheras tu chercheras les visages des jamais au
      grand jamais
Tu ouvriras la porte et sans toucher le plancher tu
      entreras
S'ils sont sortis tu ouvriras la porte et tu sortiras
Maladroit maladroit tu ne verras jamais ces chers
      jamais
Il faudrait que tu sois toujours de l'autre côté de la
      porte

De là on peut toujours redescendre dans la rue
Soit par l'escalier
Soit par les courants d'air
Mais n'importe comment il faut descendre
Le bitume est l'ami de l'homme

Le fils est à l'âge du lait
Gros bonbon qui grimace
Demi-nez bouche-fleur
Et ça dort dans les blancheurs-bébé
Tout au fond du lit à roues que pousse devant elle
Notre mère qui est sur la Terre
Devant elle devant elle
Ne l'a-t-elle pas toujours eu devant elle
Le fils
Notre mère pousse tout droit devant
Pressée elle descend le trottoir
Pressée traverse la chaussée
Pressée remonte sur le trottoir
Passants délivrez-vous du monde
Elle pousse elle passe
Notre mère pousse en avant en avant
Devant elle
Le fils

Saura-t-on jamais pourquoi
Quand on a les deux pieds sur l'Europe
Tout d'un coup on est pris du désir
De passer d'Afrique en Asie
Et c'est le passage de la mer Rouge
Cette mer qui en a tant vu
Et dont les poissons entre eux
Parlent hébreu

On va
Ou même on s'en va
Puis on rencontre un sourire
Plein de lointain et de palmiers
Qui s'étale sur une gueule
Taillée en masque nègre
Alors on reste

Quand on a la clef
On peut s'enfermer
Quand on a un fusil
On peut tirer sur ceux
Qui veulent entrer
Quand on a un couteau
À virole
On peut ouvrir le ventre
À tout prix il faut se défendre
Dieu se défend bien

Un mur c'est de l'Adam qui se dresse en beauté
De l'homme monsieur Untel avec tête et bouche paro-
    leuse
Oui cela peut bon poids être bête à vexer le soleil
Mais de l'homme haute muraille en verticale paix c'est
    du touchant
Et quoiqu'on dise à toute heure que c'est triste de lon-
    ger un mur
Ce n'est pas tout à fait triste si l'on s'amuse à regarder
    parler le mur
Et ce n'est point tout à fait triste même quand il pleut
    de longer la vie

Si l'on s'amuse un peu sous une tête imperméable à
    chanter des choses
En chantant bien dans le tas d'ombre on peut décou-
    vrir un point d'or
Un point d'or enthousiaste quoique gros à peine
    comme un instant
Mais pas de cet or éteint de coffre ou de guichet petit
    or grand payeur
De cet or ilote battu frappé monnayé tout aplati sous la
    livrée d'État
De cet or bien compté qu'on empile qu'on cache et qui
    vaut un Versailles
Mais bien de l'or maître dans le bonheur naturel de
    toute sa personnalité
On a par exemple à sa chemise comme bouton de faux-
    col un bouton en or
Mais là en or-lumière vivant et prodigieux comme un
    cœur d'étoile

Tu as dans les bras un corps chaud
Plein d'entrain et de certitude
Mais il est sans tête
Alors tu appuies tes lèvres à en fermer les yeux
Sur ce corps
Et quand tu les ouvres il a sa tête
Te voici un beau souvenir aux yeux bleus

Toi si beau neuf ne reste pas en face de tout cet écrou-
        lement de château
Effroyable tumulte inerte
Détritus de volonté
Cet espace-là est déchiré
Éventré
Lui l'espace immortel est mis à la torture
Et toute ta sérénité va s'engouffrer dans cet espace
        cruel à force de souffrance
Qui s'arrête devant la ruine se fait une blessure
Si tu ne peux à l'espace furieux rendre sa géométrie
Mieux vaut pisser sur la misère
Et courir au chemin de fer

Pour aller vers le bas on descend
Vers le haut riche ou pauvre
Monte
Mais si nous avions mis le bas en haut
Tout ce qui est sur la Grand Mère
Aurait trouvé bien de monter en bas
Et de choir en haut
Les oiseaux n'auraient jamais rien compris
Les cailloux non plus

Ceux qui descendent ceux du pavé
Ceux qui vivent à pied
Les piétinants de la Terre
Le troupeau des bouches dures
Les pas vrais les mal contents les tout en os
Ils étaient là avec leur cri du ventre
Et de la mort en flamme plein la langue
Espèce d'orage d'en bas
Avec sa foudre des quatre saisons

Des mains ont fait le saucisson marbré
Le beurre en coquillettes
Sur le beurrier verte feuille de chou
Bien gaufrée à la vrai
Et la bouteille plastronnée d'étiquettes
Bonnet de cire et maillot de poussière
Et le lin blanc
Avec tous les rectangles marqués du pliage
Couteaux inoxydables
Et fourchettes d'argent
Les porcelaines cerclées d'or
Les cristaux et leur taille
Et puis ailleurs
Il y a aussi
Ici
On peut apporter son manger
Vins et liqueurs
Casse-croûte à toute heure
À la main à la main

Des ii de violon martyr
Des houm houm de guitarasse
Concert glacé de porte cochère
Qui griffe un peu au passage
Quelques pardessus à col relevé
Bons pardessus qui vont dîner
Qui vont dîner
Fleurs des champs fleurs des champs
Pâquerettes et bleuets
Coquelicots dans les jambes des blés
Moissons et moulins
Du four sort le pain
Mais guitarasse et violard
Chanteurs de bazar
Tiennent toujours debout deux ombres
Plaquées sur la noble porte infiniment fermée
Du vieil hôtel mourant
Où mourut le Vicomte

Bébé pleure en arrivant
Bébé pleure quand il fait ses dents
Bébé pleure quand il est amant
Bébé pleure quand il est clopant
Bébé pleure quand il est mourant
Bébé pleure après comme avant

Ton poing tu peux le tendre vers le ciel vaste usine
Et lui gueuler en défiant de tout ton corps le vide
Des injures en éclats de bombe feu de bouche torte
À t'en crever le gosier dont tu veux faire un canon
Crache-lui tout un vomi de rage en mots pourris
Flambée volée pétarade de nomsdedieux en veux-tu en
    voilà
C'est lui qui fait comme il peut pluie et beau temps
Ce ciel éternel là-haut que tu auras toujours dessus
Toi éternel dessous et tu peux rugir tu peux ronfler
Tu n'es pas plus pour lui que sa première tempête
Comme il se surfout d'ailleurs de cent mille saints à
    genoux
Lui demandant à la même heure ici l'eau là le feu
Ciel ivre de négatifs et de positifs n'aime que sa phy-
    sique
Pour toi de bonne humeur cherche quand il pleut les
    charmes de la pluie
Et surtout ne dis pas je vais crotté jusqu'aux yeux n'en-
    gueule pas la boue
Ta nourrice qui fera peut-être de toi homme au para-
    pluie l'autre physicien

Haro sur les contre-courants
Apôtres du méli-mélo
Toujours emmêli-mêlés dans les courants
Nés pour courir
Inspire à tous ces contres
Une rage du pour
C'est la droite au ciel
Et tu tiens la clef des champs

C'est vrai qu'il y a des saints plein le calendrier
Un saint ou une sainte attend
Debout au bas de chaque jour
Et nous fixe
Le jour est donc leur auréole
Alors nous les autres
Les tripoteurs de mélasse
Nous entrons à gros souliers dans cette auréole
Pour y semer sang et ordure
Tandis que le saint lui tourne le dos

Tressez tressez le jonc
Et faites des corbeilles
Coupez percez roseaux
Et faites des flûteaux
Sur le fer à l'enclume
Battez chaud des marteaux
Pour chausser les chevaux
Paix Guerre et Patrie
Art et Industrie

La chaîne au cou
Et c'est tout
La croix au cou
C'est un bijou
D'or et de diamant
Ou de tout petit argent
C'est tandis qu'on enfonçait les clous
Qu'un incroyable orfèvre
Inventa cette parure

Inventeur du sera
Tu leur as dit je viendrai
Inventeur du je suis
Tu leur diras je viens

Bons coureurs de chiffres ô gens d'arithmétique à
  pleine bosse
Faites les comptes faites les comptes holà debout les
  certitudes
Qu'importe aux chiffres qu'il fasse jour ou nuit et toute
  la mélodie
Les a-t-on jamais vus croyants de Soleil ou Pierrots de
  clair-de-lune
Qui jamais a surpris un chiffre penché sur une rose et
  lui faisant la cour
Ô Corinthe ô Cythère pour eux pas de musique vie sans
  odeur et sans vin
Voit-on ces 2 ces 3 et même ces 0 chantant titubant
  roulant et tombant
Dans les bras de la folle Espérance belle endimanchée
  sans doute blonde

Salut au jeune enchanteur qui un soir nous offrira la
   drogue à saouler les chiffres
Un seul jour sans ces nains et le monde Terre a changé
   de nom
Mais serait-ce un jour ô chiffres de bon conseil grâce
   pour la mauvaise pensée
Oh vous êtes peut-être les anges gris incorruptibles
   d'un centième ciel
Des anges sans ailes ni glaive ni rameau suranges dont
   on n'a jamais parlé
Bons coureurs de chiffres ô gens d'arithmétique attra-
   pez les anges
Faites les comptes faites les comptes holà debout les
   certitudes
En rouge ou en bleu tant pis tant pis donnez-nous le
   total le total le total

Du fond de son sommeil il arrivait à cheval
Au galop au galop au galop
Il fit son entrée dans l'aurore
Bride abattue

Gros large et haut tu peux entrer la porte est ouverte
    comme c'est bon et facile
Le vide est toujours de ton avis hôte parfait il te reçoit
    idéalement bien
Mais malotru sans un mot sans un geste le plein cette
    excessive présence
Oppose un non massif et sourd à ta colère comme à tes
    meilleures intentions
Pas d'Alexandre de César de Roi-Soleil et pas d'or pas
    même de beaux yeux
Trouer creuser percer foncer crever ouvrir des ordres
    en coup de fouet et l'on passe
Mais que de métal à mettre au monde que de feu que
    d'outils à forger
Que de muscles en folie que de hans que de bruit que
    de coups à frapper

Pour que devant soit le vide où est le plein pour bâtir
    ce néant qu'il te faut
Tandis que ta voix entre ou sort sans rien déranger et
    même une symphonie
Avec des éléphants des forêts des gens des armées des
    triomphes des rêves
Ruée dans nos espaces de toutes les Marseillaises
    des hommes et du Ciel
Enfer et Paradis tonnerres et tendresses cortège de
    cent mille notes
Au travers de tes murs au travers de ta porte passe est
    passé sans les voir
Du mur et de la porte qui t'enferment toi corps élégant
    qui t'emmuras
Au travers de la pierre et du bois pour toi serrés non
    parfait qui reste là

Avec le roc nous voudrions faire ami
Mais qu'il est dur au pauvre monde
Même un méchant petit caillou
Entre nos mains ne plie pas
Soit
Mais petit caillou tu feras
Pour nous plaire
Des ricochets
Sur la rivière

Pierre sans cœur et cœur du monde
Était ici bien avant toi beau danseur
Pierre est chez elle rocheusement
Et pierre ne t'a jamais invité
Toi mis en surcharge sur la planète rousse
Que tu trouves si grossière
Combien de fois as-tu craché sur elle
Tu peux avec tes doigts bagués
Te mettre un gros havane aux lèvres
Et surtout ne t'ouvre pas la poitrine
Pour montrer ton cœur à nu
C'est trop sauvage
Pierre est plus délicate
Mais toi d'être un sanglant tu te couronnes
Sang est le mot de tes hymnes
Et tu es sûr d'être sublime
Tout volant tout planant
Noble dégoûté dégoûtant
Quand on te voit au bord d'un champ
À plat ventre dans ton sang
Tant que vous serez affrontés
Dans sa sèche dignité pierre t'écrasera
De ton silence toi qui parles
Et de son toujours là toi qui bouges
Porteur échevelé de drapeaux blancs ou rouges
Quoique de colère tu la brises
Ou que de bonne volonté
Tu la tailles la caresses la polisses
Elle sera toujours la garce
Qui va t'emporter la peau ou te casser la tête

Et que bâtirons-nous sur cette pierre
Des théâtres et des tombeaux
C'est déjà beau

Ils n'ont même plus la peau sur les os
Et ils aiment encor le piano
Bel ordre noir et blanc
Dix doigts omnipotents
Dix doigts angélisés
Alors bémolisé
Dix doigts entrecroisés
Regard piqué au feu
On court après ceux qui vont en soirée
Mais on court n'importe où
Après des coureurs qu'on ne voit pas
Tant ils sont tout feu tout flamme
Ils vont
Au bal des squelettes dit-on
Liszt les fait danser
On laisse alors le feu s'éteindre

Et ceux qui n'ont pas su danser
Quand ils avaient de beaux yeux
Dansent-ils au Grand Bal des Os
Tous ces fémurs tous ces tibias
Choquant des polkas
Choquant des tangos
Mais d'abord il faut sauter le mur

Heureux le bon maçon au pied de son beau mur
Rêve debout du niveau d'eau et du fil à plomb
Eux deux croix parfaite
Beau mur vérité de moellons
Paix sur la Terre plus qu'au Ciel
Trempez la soupe le bon mortier du ventre
Le bâtisseur a bâti
Le bâtisseur va dormir en masse
Sans s'occuper du Jour de la Colère

Quand on veut marcher
On a des jambes
Quand on veut prendre
On a des bras
Quand on veut se mordre
La langue
On a des dents
Quand on veut rire
On a les zygomatiques
Quand on veut pleurer
On a ses yeux
C'est complet
Presque un couplet

Amour s'est présenté d'équerre et dur tout bronze

Sous un manteau sans cœur néant de velours noir tout noir

Amour cassant amour d'hiver sans fleur ni corps ni peau

Amour peut-être en masse minérale amour lourd au quintal

Lourd comme un silence polaire lourd comme les plis du lourd manteau

Amour en barre amour massif qu'on ne prendra pas par le cou

Qu'on ne prendra pas en tendresse dans les courbes des mots frais

Pas une étoile qui vive sur les doigts pas une perle sur les lèvres

Pas un parfum dans son immobilité pas un rêve dans
      ses plis

Amour statue amour tombeau qui porte sur la face un
      éternel ci-gît

Amour qui n'aura jamais ni pleurs ni bras noués
      amour qui dormira

Quand à la fin du monde l'aube inexorable viendra
      chercher l'amant

Amour à ne pas croire amour clos amour boutonné de
      grande cérémonie

Amour in-folio amour de style amour de hauts plafonds
      Faubourg

Amour qui ne sera sur le monde d'en bas ni pour
      semaine ni pour dimanche

Amour tout froid comme un canon amour tout ombre
      et peut-être tout Ciel

Quand vous dites fleur d'oranger
Vous avez l'air fade et rangé
De cette eau qui écœure
Quand mettrez-vous donc à la mariée
Une couronne en fer forgé

Tu diras j'ai soif j'ai soif
Et l'amour noir sera là tout droit
Près de toi
Il boira le vin
Et te versera l'eau
Et tu boiras l'eau
Car tu auras soif
Mais

Lentement le rideau s'ouvrit et l'on joua
La tragédie de la matrice
Décor un utérus
Et le monde est en nourrice
Il y a soutiers et faucons
Mal foutus et mignons

Louvre les rois les reines ont couché là
Au milieu des ors et des satins ducaux
Et Louvre est encore eux dans ses divers visages
D'ici c'est Louis de là François et voici Henri
Et si le roi Henri m'avait donné Paris
Mais c'est l'heure où il y rentra presque froid
Le roi-homme au cœur percé père de la poule
La poule Henri le roi image Henri et son Sully
Du casque et du chapeau tous les deux ils ont fait
Brodé ou rêvé toute une envergurée de France
Trente ans de rude brassage des forces planétaires
Les doigts d'Henri joints aux doigts de Sully
Étrange et forte accolade entre l'hiver et l'été
Trois siècles ont flambé quoi des tonnes de temps
Qu'ils sont encore amis en ligne droite tout du long
Le Boulevard peut compter sur la fidélité du Pont

François Ier connut
La Belle Ferronnière
Henri IV connut la rue
De la Ferronnerie
Louis XIV connut le Soleil
Louis XVI connut l'appareil
À sang
Plus tard on inventa l'appareil
À sous
Mais quand donnera-t-on au nain
Les cinquante centimètres qu'on lui doit

Tu n'étais pas né personne n'en savait rien
Te rappelles-tu ce néant-duvet trou-insouvenance
Ce doux-mou cette paix qu'on est quand on n'est
    pas né
Au numéro 20 d'une rue jouait à la poupée ta mère
Dans les rues d'une ville ta mère était une écolière
Ailleurs qui sait dans les rues d'une ville ton père
Était un écolier poches bourrées bourrées de billes
Petite robe Jésus et bien petit jupon côté des filles
Bien petite culotte souliers galochants côté garçons
Et tu attendais attendais possible couleur de l'air
Le jour où le garçon aux yeux d'orient allait dire au
    pur ovale
Bonjour mademoiselle qui rougirait un oui monsieur
    du bout des doigts
Et tu avais peur qu'ils n'arrivent jamais à ce premier
    bonjour
Tant de-ci de-là ils zigzaguaient à contre temps
Mais toi vraiment avais-tu très peur que le destin fît
    une erreur
Et que ta propre tragédie des profondeurs nuptiales ne
    se jouât jamais

On est quelquefois réveillé
Par les plaintes d'une porte qui s'ouvre
Qui s'ouvre à regret
Alors on crie d'une voix d'un autre monde
Qui est là ?

Montez en chœur les Oh les Ah
Pourris de miracles ah ah
Gâteries pour hommes ah ah
Miracles eux-mêmes ah ah
Tu fermes les yeux et t'endors
Tu t'éveilles et tu vois
Et tu ne cries pas ah
Il fait nuit le jour viendra
Tu n'en sais rien bâilleur dépeigné
Une fois il adviendra que la nuit
Si longtemps complaisante mettra fin
Aux fantaisies de la lumière
Silence et ténèbres en avaient gros sur le cœur
Mais le petit siffleur du prématin
Encor des temps sous ta fenêtre passera
Et passe passe bon pas sifflant
Il siffle il siffle la nuit s'en va
Il siffle il siffle le jour promet
Il siffle il siffle le jour est là
Salut petit génie de l'aube

Jadis jadis
Peut-être un jeudi
Adam fut invité à dîner au Paradis
Que lui a-t-on servi
Du bonheur en mots
Du Paradis en pot
Qui sait

Les arbres ont des feuilles des feuilles et toi tu as
    trente-deux dents
Bruissez vos poèmes feuillée feuillage feuilles distrac-
    tion du vent
Et toi roule manœuvre tes mâchoires et grince rude
    seigneur à dents
Déchire coupe et broie c'est le grand acte tout le reste
    suivra
Jeux rêves histoires d'âme et sortie de caverne si tu es
    encor là
Aujourd'hui Grand Tout il fait jour dans le ventre un
    plein jour
Bourré d'ailes et de marrons grasse lumière ornée de
    graisse d'oie
Ornée aussi de plantes grasses dur jardin d'une planète
    qui ne serait pas ronde

Mais pas si bêtes ces plantes grasses non pas si bêtes
  qu'on le croit
Pas elles qui sous prétexte de Noël voudraient s'orner
  d'une aile d'oie
Pas elles qui pour savoir se jetteraient tous les matins
  sur un journal
Et pas elles qui avant de piquer attendraient leurs
  pointes au guet
De la sainte chatouille entre père et mère ô semence
  ave quiets cactus
Phalles à dards oui mais sans dents quiets dame vous
  en avez bien l'air
Vous qui n'avez jamais demandé l'heure semble-t-il ô
  taciturnes cactus
Mais après tout nous ne parlons pas cactus bien que
  nous soyons les élus

Qui sait de quel derrière est sorti
Le bel œuf qui contenait tout
Et ce n'est pas assez
Qui l'a couvé

Bons géologues remettez où vous les avez pris tous vos
      millions d'années
Nouveauté la Terre vient juste de quitter le bout du
      Doigt ce matin tout au plus hier
Sans nous dormez bien allongés s'il vous plaît dans vos
      lenteurs sédimentaires
Au feu les vieux livres pleins d'âges et d'histoires juras-
      siques ou carbonifères
Enfin l'Œuvre n'est pas faite à contrecœur gestée à la
      flemme en bâillant
Hommes sont nés bien finis et rasés les maisons avec
      frigidaire et cuisinière électrique
Et d'un coup cela fait des villes avec leur Mairie ses
      registres son maire et les mariés
Des capitales grosses de sénateurs députés ministres
      gendarmes juges et leur Palais

Toutes peuplées jusqu'en haut d'aimables habitants qui
    savent très bien s'habiller
Lire les journaux parler politique enseigner la théolo-
    gie et tripoter l'atome
Quant à l'IN PRINCIPIO ce brouillard qui daterait
    d'une première aurore
De la bouillasse et du croûteux chaude ordure jetée là
    en vrac comme qui s'en fout
Eh oui et mêlée d'on ne sait quelles virgules de vie qui
    dessus et dessous remueraient
Et debout mais ni fait ni à faire un méchant brouillard
    d'homme qui s'en irait tout nu
Ce serait ta naissance cher chef-d'œuvre d'aujourd'hui
    haro sur le méconte inventé
Pour servir à toute heure des fourrés d'explications aux
    goulus de savanteries

Pourtant la Déesse Noire à tête de cheval
Et à bras-serpents
A peut-être eu son temple
Je ne dis pas non

Encore nous pensons à toi
Fils quelconque de la filée des fils
À toi qui traças naguère notre approchant portrait
Prévisible étudiant de la française poésie
Au vingtième des siècles crucifiés
Quelle beauté a ce temps posé sur du papier
Par tes ancêtres mes amis et moi
Pleures-tu de bonheur d'esprit
En écoutant les livres que nous avons écrits
Ou bien es-tu là sous impératif d'études
T'endormant
Par désir de doctorat
Sur une époque à foutre à l'eau
Et vas-tu à bout de tous les « c'est idiot »
Fermer le simili bouquin
Et courir dans ton âge
Retrouver les copains

Aurait-on du plaisir
À se dérouler en nonchalance ou furie
Comme une écharpe de nuages

Danseur de corde en plein air lyrique funambule
Combien de fois feras-tu le grand tour du monde
En marchant sur les fils circulaires fins fils tendus
Des latitudes des longitudes et courir sans tomber
Pour découvrir peut-être dans un cœur de chêne
Dans un cœur de roche dans un cœur d'oiseau bleu
Cœur de tortue de taureau de crocodile de serpent
L'esprit aux grosses joues chef des trente-deux vents
Trente-deux vents aimables de la Rose aimable
                    puisque rose
Mais rose pointue et trente-deux vents sans cervelle
Et tout emmêlés tignasse qu'on n'a jamais peignée
A-t-on de vrai livré la Boule à ces trente-deux folies
Fais vingt fois et trente et cent le tour du monde
Danse sur tous les fils et trouve le dieu bouffi qui se
                    plaît tant dans le désordre
Hontifie-moi ce sauvage et change-le sur l'heure en dieu
                    civilisé
            Qu'il se mette enfin à peigner les vents

Bien à l'abri des courants d'air
Et des poings de la fraternité
On s'installe avec soi dans un fauteuil
Et l'on envoie les autres
Faire le tour du monde
Ou dans un autre monde
Grand Opéra
Tenue de soirée

Qu'il meure
Non tu n'as pas donné la vie dans ta bouche
À ce mot d'acier
Non il n'a pas bougé sur tes lèvres
Mais il a fait un zigzag à grandes pointes
Dans l'Enfer de ta pensée
Si voisin de ton Empyrée
As-tu peur de t'effrayer
Par ce souhait mis en voix
Crois-tu que mort s'en suivra moins
Si le souhait n'est pas mêlé à l'air
Où peut-être en ondes lentes
Il s'en irait pousser en terre
Ton intentionnel condamné
La vie cette banalité qui plaît
On n'ose pas lui montrer les dents
Souriez donc madame c'était pour rire
Cueillons des fleurs cueillons des fruits
Fauchez les foins coupez les blés
Faut du fourrage pour les bêtes

Après on dit je ne suis pas né d'une mère
C'est si sale cette poussée dehors
Aucun bain ne peut laver
Les marmelades du matin natal
Et pour le moment on préfère être
Tout en cristal

Voici vous avez des bras des anses
Anses vivantes qui s'arrondissent ou s'allongent
                    On vous prendra par le bras
                    On vous donnera le bras
                    Et vous donnerez le bras
                    On vous prendra dans les bras
                    Et vous prendrez dans vos bras
Que de bras donnés
Que de bras pris
Fraternité enchaînement des anses
Qui deviennent anneaux
Tangui tanguez tango
Le dernier jour des jours
Bras dessus bras dessous
Les derniers du dernier beurre
Tangueront la ronde à la bonne heure
Tout autour de l'Équateur
Ohé les gars
Donnez-vous le bras
C'est la grande bordée

Celui qui devait veiller s'est endormi
Il devait faire la lumière il n'a pas allumé
Quand il s'éveillera
Il dira qu'il ne s'est aperçu de rien
S'il se réveille

Toute crête en bataille l'admirateur bruyant du
    poulailler
Et toi il t'adviendra peut-être de l'entendre encor
    ce solennel
Crever son chant démodé qui date bien du temps
    des premiers œufs
Tu l'entendras tu l'entendras encor toi l'ensorcelé
    de capitales
Tu l'entendras le ténor tant marié tant marié sois-tu
    avec Paris
Loin du Palais Garnier il est toujours rêvant à travers
    les pays
Des étendues à chemins de fer tournants mélangées
    d'arbres et de coqs
Où comme au premier jour on voit tous les matins
    le jour laiter la nuit
Jour qui tout à l'heure en définitive lumière entrera
    dans les villes à palais

Désagriffe-toi arrache-toi vieux lierre ose enfin ose
   tromper Paris
Ou bien cours à la gare ouvertement et ce soir va
   coucher avec un village
Qui t'offrira des poules aux œufs d'or dans l'or du
   poème des coqs
Et si tu ouvres les yeux t'exposera cette archaïque
   scène de famille
La lumière en train d'allaiter le diable première Sainte
   Famille
   Coq coq et cocorico de crête en queue admirateur
   Et tout amour rien du bureau des longitudes

Même pendant la guerre
Aube arrive sur le champ de bataille
Au temps vrai
Elle est personne d'habitude
Cette antique jeunesse
La délicate n'a peur de rien
Qu'on se tue tant qu'on voudra
Aube à son heure est là
Ce n'est pas d'elle que nous viendra
La moindre nouveauté
Ni d'hiver ni d'été

Ta bouche qui dit nom de Dieu est la bouche
Qui mord dans la poire à la chair pâmée
Quand ta bouche dit nom de Dieu elle mord
Dans ce Dieu qu'elle nomme
Ou c'est peut-être quand elle mord dans la poire
Qu'elle mord dans l'Innommable nommé tout en jus
Dégoulinant plein les doigts
Et plein le cœur
Nom de Dieu n'aie pas peur
Quand barbouillé tu dis
Nom de Dieu que c'est bon
Tu dis merci
Et la poire est heureuse

Quand on égrène c'est qu'on a l'épi
Quand on se chauffe c'est qu'on a du feu
Quand on a froid c'est que le feu s'éteint
Quand on espère c'est qu'on n'a plus rien

Ils se sont retournés geste contre nature
Mais il lui plaît peut-être d'être tordue
Ils n'ont rien vu derrière eux pas un mot
Pas un corps pas une ombre pas même un ange
Ils ont marché comme on voudra vite et lentement
Comme on voudra mais ils n'ont rien vu devant
Et quand même on prétend
Qu'ils ont dit au revoir
Invisible impalpable au revoir du mouchoir
Avec vraies et invisibles larmes sur invisibles joues
N'avoir jamais rien vu n'empêche pas de revenir
Mais jamais ceux qui sont revenus
N'ont vu ni été vus
Pourtant au soleil ils avaient inventé un sourire
Comblés d'adresse sauraient-ils prendre
Un coup de sifflet entre le pouce et l'index
Comme on prend un papillon
Auraient-ils tout à fait oublié qu'ils n'ont rien vu
                 À part le Monde et le Ciel

Mais il y a les peintres
Qui peignent des tableaux
Dites merci quand même
Aux beaux messieurs de la couleur

On passe parce que l'on croit s'en aller
Malgré le bruit de la rue
Ce cher bruit qui vous met en poussière
Et l'air
Mais on passe pourtant d'un seul morceau
Du moins on pense qu'on est tout entier
Et l'on voit au travers d'un vieux rideau
Bienveillance de tulle
Dans une chambre pâle
Une tête baissée menton sur le pis
Et l'on passe puisqu'on est soi-disant en chemin
Mais on emporte la tête baissée
Charge lourde lourde à ralentir le pas
Alors il faudra des poivres des sucres des alcools
Pour pouvoir fumer tout seul après dîner
Ah certes on ne l'avait pas invitée
Cette tête baissée
C'est bien assez qu'à la fin de chaque journée
Le jour baisse

On ne demanderait pas mieux
Mais il y a le poids et les dimensions
Et puis quoi encor
La guerre plate des étiquettes
Sur les valises des grands voyageurs
Tu penses à des bagages
Si tu y tiens fais ta malle
Gare à l'excédent

Tu serreras la main à des amis
Et te voici déjà bien haut
Tu comprendras des regards doux
Ou d'aigle
Tu entendras des paroles
De vitriol
Qui défigurent
Ou de lumière
Qui transfigurent
Humaines fêtes quotidiennes
Et même illuminées
De fêtes vénitiennes
Mais tu ne verras rien qui soit au-dessus de la ligne
Et pourtant un seul miracle place de l'Opéra
On en croirait bien sûr ses yeux et ses oreilles
Et ce serait ainsi
Définitivement à genoux

Le tigre dans sa jungle
N'en sait peut-être pas plus long
Que l'oiseau des cages sur sa balançoire
Le tigre du Bengale
Bengale et bengali
N'attrapez pas la gale
Parade et Paradis

Il est heureux
Tout le fouillis de tes entrailles
Elles tournent rond
Tes machines à sang à air à pensées
Il fait beau dans tes mains
Il fait beau sous tes côtes
Pourquoi fais-tu là-dedans les cent pas
Claquant à lèvres dures tous les jurons
Qui tuent les fleurs
Tous tes tonnerres de Dieu ne t'emporteront pas plus
loin

Aller de l'ombre au soleil
C'est déjà faire un beau voyage

Le signe du doigt ou de la cloche
Te dit de venir ici ou là partout
Où tu peux aller
Mais il y a le signe
De l'autre son
De l'autre doigt
Bon signe

Te voici revenu à tes espaces originels croyons-le
si tu le dis
Quel signe as-tu donc vu à quelle heure quel jour
en quel pays
Ils parlent tous comme si avec valise tu avais pris
le train ou le bateau
Voyage à tant du kilomètre horizontal pour condamnés
à l'étendue
Ramper hâtivement et sans rire de Paris aux Indes
quelle merveille
Denses marchands à rendez-vous annelés mais oui
votre avion rampe
Ni l'alouette à l'aurore ni l'aigle dans ses plus
impériales audaces
Ni le ballon de la sphère des sérénités n'ont
connaissance des espaces

Où l'on va sans gaz sans hélice et sans ailes accessoires
pour anges
Pitoyable collage de plumes qui donnerait à rire
ailleurs si l'on y riait
Toi tu es parti sans assembler les foules tu n'as pas dit
regardez bien
Un n'importe qui seul s'en allant à la promenade
en veston et sans chapeau
Et tu es entré dans le nulle part sans avoir sorti
les mains de tes poches
Hélas frère de l'espace cette ascension ne sera pas
comptée sur le calendrier
Mais tu n'es pas de calendrier et tu veux être espace
très inutilement
Rien que pour vivre l'apothéose de la tant humaine
ou divine paresse

> *Ceux d'en bas vivent en hauteur*
> *Tous bandits et saints*
> *Se retrouvent en haut*
> *Ils lèvent la tête ils lèvent les yeux*
> *Le poing pour frapper*
> *Deux doigts pour bénir*
> *Désir est moins lourd que l'air*
> *Et plus légers encor ceux qu'on enterre*

Et qui sait si la racine a tellement
Horreur du Ciel
C'est par curiosité
Qu'elle aspire à descendre
Ou par raison
Enfonce ton chapeau sur ta tête
Tourne-toi le dos tourne-toi le dos
Ne vois-tu pas les folies qu'elle fait
Là-dessous
Tout ce désordre à pleine joie qui sort de partout
Voici celle qui se saoule de ténèbres
Autre lumière
Autre bleu
Dans lequel racine s'enfonce
C'est-à-dire monte

Mais il y a la Banque
Et ses caves à lingots
Et des balances des balances
Et des mains qui s'avancent

À fines mains ouvertes vendent toutes les guérisons
Largement de la tête aux pieds pour les quatre saisons
Et ni solide ni liquide joli paquet boîte ou flacon
Toutes les santés vivent dans le blanc du pain cygne
Guéri le bien courbé qui présente langue au signe
Que ne t'approches-tu du magnifique apothicaire
Dans un bond d'amour brassé d'éther et d'encens
Il t'offre en veux-tu en voilà de l'éternité au détail
Suffit vide et l'œil clos d'avaler la vérité sans goût
Œil clos mais à ciel ouvert reçois le remède ailé
Que même on va te donner si tu es le bon pauvre
Et quand ils auront servi des tonnes d'immortalité
Peut-être aussi après petit mont de monnaie amassé
S'en iront à la campagne faire de la photographie
            Et mourir en couleurs
       Car l'apothicaire est immunisé

Au moment où elle ne s'y attend guère
Tu te glisses dessous la Terre
Et tu lui fais son affaire
Ou bien tu fonces ton index dans son nombril
Un' deux trois
Et la voici qui tourne sur ton doigt
Tu sais bien qu'avec si si si
On mettrait Paris
Dans une bouteille
Et lonlonlère et lonlonri

Si les hommes étaient des fruits
Graves rondeurs qui pendent
Ils n'auraient pas besoin d'apprendre la géométrie
Ils ne seraient jamais désespérés
Même quand ils seraient piqués des vers
Même au moment de se fondre en compote
Alors ils seraient heureux comme des pommes
Les hommes
Tout gros d'emm...
Et les pommes mangeraient les fruits de l'hommier
Toute-puissance de la lettre
Ce serait une pomme qui ferait ce poème
Il aurait un goût de serpent
Et ce serait une pomme qui l'aurait mangée
La fille Ève

Des chœurs vont chanter les nouveautés du monde
Bien primitif salut aux choses neuves
Sera-t-il vivant de chanter tout à l'heure
Quand la nature sera faite à la main

Quand une brebis faite au moule donne au pasteur un
	agneau
Et que cet agneau légitime est corps de lion ailé
	comme aigle
Et lion non point bêlant telle bêlante mère mais déjà
	rugissant
C'est bien sûr très mauvais lendemains qu'un tel
	monstre rugit
Apparemment celui-là qui fait les agneaux est en
	grosse colère
Et si c'est le même qui fait les arbres les pierres et
	autres animaux
Qui sait s'il ne va pas au cheval mettre sur le dos la
	bosse du chameau
Tout débrasser dépareiller démarier monstréifier dans
	les pays
Comme il a fait par ire ou par dessein dans le ventre de
	la brebis

Qui croyait bien elle y porter un pur et très vrai fils
de bélier
Mais aussi pourquoi la brebis ne cesserait-elle pas
un beau jour
D'être une mère d'agneau sous prétexte qu'elle ne sait
que bêler
Mélangez donc têtes ailes et pattes comme on mélange
les couleurs
Ah bienfaisante colère gai renouvellement de nos
mondes à toute heure
Qu'il le donne le beau coup de poing celui-là qui fait les
agneaux
Qu'il y ait enfin du nouveau dans la crèche

À l'envolée à l'envolée
Bienvenue au monstre
haute fantaisie
Ah ce bœuf on l'a tant vu

Commencement te fait sans cesse ohé dans le dos
Et tu te tords le cou pour regarder là-bas
État de guerre
Qui contrarie la lumière
Pour la paix de ton cou dans sa grecque ligne
Te montrerai en un éclair horriblement blanc
Ce Commencement

                Ciel fait la Terre
                Terre les eaux
                Eaux les forêts
                Forêts les mares
                Mares le ver
                Et le ver fait l'Homme
                Parce que le ver sitôt né
                De squelette a rêvé
                Il s'est vu
                Rongeant un crâne

À présent laisse ton cou dans sa ligne colonne
Et si tes trente-deux dents sont blanches
Tu peux rire
Et te frotter les mains
À t'en brûler les paumes

                    À l'envolée à l'envolée
                    Est-ce donc tout
                    Mais le crâne est-il avant
                    Ou après

Remue tes bras et tes jambes fais les gestes qui te des-
sinent depuis qu'il est pour toi de la terre du ciel
de l'eau du feu et l'air aimable qui te dit tout
Oui maître les heures sont avec toi les heures tu en as
ta rente quotidienne rente excessivement égale
pour tous ne parle pas du capital tu peux aller
dîner
Peut-être vas-tu manger des chairs et ronger des os tu
ne douteras point quand tu auras tes canines
sur cette vérité ce sont des os comme les tiens
bon appétit
Il faut bien qu'on soit à tu et à toi avec le jour avec la
nuit ces deux compagnons qui tournent autour
de vous durant toute la vie vieille habitude tête
ne tourne pas

Embrassez embrassez celle que vous voudrez ronde
　　　ronde joli jeu allons la ronde chante autour
　　　de toi et quand en sortiras joli joli jeu dis qui
　　　embrasseras
Noir ou blanc ne choisis pas à l'avance ces deux-là te
　　　joueront à cette heure mauvais tour et qui sait
　　　qui sait dans ton élan si bien ne t'en iras très
　　　passer au travers
Bon appétit bon appétit un carillon de bonne humeur
　　　avoue la demie va dîner tu ajouteras du sel et du
　　　poivre à ton gré à ton gré car tu es libre de saler
　　　et de poivrer
Et si tu as de broyantes molaires tu broieras les os car
　　　tu es libre de broyer les os les os c'est le dernier
　　　mot après c'est tout le reste qu'on laisse en paix
　　　quand on digère
Le reste ce plus ce moins ou ce tout si on sait tu sauras
　　　tout en grand lorsque tes amis diront le pauvre
　　　il aimait tant la vie il était si il avait tant
Il était il avait il disait sourd triomphe de la marche
　　　arrière bon époux bon amant et grand cela et
　　　grand par-ci ah comme on t'aime depuis que tu
　　　n'es plus qu'un imparfait
Lorsque tes amis un peu tristes ou très tristes tête basse
　　　te verront dans cette immobilité vertigineuse
　　　qui les tue un peu se crieront en eux non les
　　　pierres ne sont pas immobiles
Une montagne un palais une maison l'Obélisque ont le
　　　cher jeu de la respiration qu'alors on voit tandis
　　　qu'avant on disait mais naturellement qu'ils ne
　　　bougent pas
Tu sauras le oui et le non quand tes amis debout te ver-
　　　ront dans la sublime horizontale plus horizontal
　　　que tous les horizons et que toutes les histoires
　　　des géomètres
Tu sauras quand tes amis ne sauront plus très bien
　　　comment tu avais le nez fait quand tes amis se

souviendront oui c'est bien lui et quand ils ne se
souviendront plus

Bon appétit bon appétit il est la demie tu peux aller
dîner terrestre verticale et déchire les chairs
broie les os prends la moelle en avant incisives
canines et molaires

Quand ceux qui t'aiment te verront mais ceux qui
t'aiment te voient belle verticale toute guerre et
feu et couleurs mordre à pleines dents mordre
dans le système solaire

Tes doigts joueront avec le long collier-poème
Le collier du Grand Ordre
Que tu porteras en sautoir
Tourné deux et trois fois autour de ton cou
Tes doigts joueront aussi avec le pendentif
La Panthère Noire aux taches roses

REPÈRES BIO-BIBLIOGRAPHIQUES

1876. 22 avril naissance à Angoulême de Pierre, Albert Birot.

1880-1883. Bref passage de la famille à Paris.

1883-1890. Retour à Angoulême.

1891-1892. Bordeaux.

Fin 1892. Installation définitive à Paris, quartier du Montparnasse.

1893-1905. Fréquente l'École des Beaux-Arts (sculpture, peinture), la Sorbonne, le Collège de France.

1895-1916. Rêve, sculpte, peint, dessine, grave, écrit, expose.

1896. Rencontre Marguerite Bottini, avec laquelle il vit jusqu'en 1909. Ils ont quatre enfants: Suzanne (1898), Marthe (1901), Jean (1904), Pierre (1906).

1900. Restaurateur d'objets d'art chez l'antiquaire Édouard Larcade, emploi qu'il conservera jusqu'en 1950.

1905. *De la mort à la vie*, essai dramatique, publié chez Messein, plus tard détruit et renié (mais conservé par la Bibliothèque nationale de France).

1913. 8 avril: épouse la musicienne Germaine de Surville.

1916. Janvier: premier numéro de la revue *SIC*. Apparition d'une nouvelle identité, Pierre Albert-Birot.
Avril: début d'une relation brève mais intense avec Apollinaire. Jusqu'à sa mort, collaboration littéraire suivie du poète de *Calligrammes*.
Juin: décisive entrée dans la «modernité», il termine *La Guerre*, grande toile abstraite, après laquelle il abandonnera la peinture (dans les collections du musée national d'Art moderne depuis 1977).

1917. *Trente et un poèmes de poche*, avec «Poèmepréfaceprophétie» d'Apollinaire.

24 juin : sous l'égide de *SIC*, unique représentation des *Mamelles de Tirésias*, « drame sur-réaliste » d'Apollinaire, suivie de la publication aux éditions SIC.

1919. Février : *SIC* 37-38-39, numéro d'hommage à Apollinaire. Décembre : cinquante-quatrième et dernier numéro de *SIC*.

1921. *Le Premier Livre de Grabinoulor*, éditions SIC.

1922. Achète un matériel d'imprimerie avec lequel il va composer et tirer ses propres recueils (aidé par Germaine jusqu'en 1931), de 1922 à 1939.

1927. *Poèmes à l'autre moi.*
26 novembre : « La Pipe en sucre », soirée dramatique où PAB fait jouer plusieurs fragments de ses pièces (reprise le 29 avril 1928).

1929. Printemps : fondation de l'éphémère « Plateau, théâtre de recherches dramatiques ».

1931. 18 janvier : mort subite de Germaine.
Avril-octobre : écrit, compose et imprime lui-même *Ma morte.*

1933. *Grabinoulor* épopée, éditions Denoël et Steele (premier et deuxième livres).

1936. Début d'une indéfectible amitié avec Jean et Madeleine Follain.
Prix Cazes pour *Grabinoulor.*

1938. *La Panthère noire.*
Quitte Montparnasse pour la rue des Saints-Pères.

1955. Rencontre Arlette Lafont.

1962. 12 octobre : mariage avec Arlette.

1963. 12 novembre : met le point final (et unique) aux *Six Livres de Grabinoulor.*

1967. 25 juillet : mort et inhumation au cimetière du Montparnasse.

1977-1980. Les éditions Rougerie éditent ou rééditent tout le théâtre (6 volumes).

1981-1996. Édition et réédition par le même éditeur de l'œuvre poétique (8 volumes).

1991. *Les Six Livres de Grabinoulor*, éditions Jean-Michel Place.

1993. Marie-Louise Lentengre publie *Pierre Albert-Birot, l'invention de soi*, éditions Jean-Michel Place.

1995. Juillet : Cerisy-la-Salle, *Pierre Albert-Birot, laboratoire de modernité*, colloque international dirigé par Madeleine Renouard.